상처 입은 영혼들의 춤 : 동반의존

상처 입은 영혼들의 춤 : 동반의존

로버트 버니 지음 | 이세형 옮김

우주적 시각에서 본 동반의존과 인간의 조건

NUN

모든 정보에 반대되는 기준을 제시하고,
모든 논증에 반대하여 증명하며,
사람을 영원한 무지에 빠지게 하는 원리가 있다면,
그 원리는 살피기에 앞서 경멸해야 한다.

– 헐버트 스펜서

당신의 상상이 초점을 잃었다면
당신의 눈을 의지할 수 없다.

– 마크 트웨인

상상은 지식보다 훨씬 중요하다.

– 앨버트 아인슈타인

이 책을 상처 입은 영혼들과 상처 입은 아이들에게 헌정합니다.

감사

필자는 이 책이 진화되는 아주 결정적인 과정에서
메신저와 스승이 되어주었던 분들에게 심심한 감사를 전합니다.

나의 여정을 함께 하며 친구요 천사가 되어준
클라우디아 블랙 Claudia Black

내가 영적 존재라는 것을 상기시켜주어 기쁨의 노래를 부르게 해 준
메리안 던컨 Marianne Duncan

개방성과 기꺼움으로 가장 활력 있는 메신저가 되어준
제나 커닝햄 Jana Cunningham

자가-출판을 추진하고 격려하면서 그 씨앗을 심은
로우 캐칭스 Lou Catchings

비키 칼슨 Viki Carlson, 더렉 고든 Derek Gordon, 테리 룀 Terri Roehm
루이 베닝통 Louie Benningtoin과 함께 내가 친구를 필요로 할 때
친구가 되어준 제인 보간 Jane Voughan

용기와 기꺼움으로 어둠 속에서 빛이 되어준
진리의 스승들과 메신저들에게 특별한 감사를 담습니다.

특별히 알코올 중독의 벽장에서 빠져 나온
리처드 바흐 Richard Bach, 멜로디 베티 Melody Beattie
존 브래드쇼 John Bradshaw

나의 삶에 감동을 주고 나를 성장하게 해준
엘리나 블래이크 Eleanor Blake, 제시카 스테이시 Jessica Stacy
신티아 셀톤 Cynthia Shelton, 데이어드어 던 Deirdre Dunn
로버트 룩바우어 Robert Lugbauer, 스코트 메이슨 Scott Mason
벡카 모건 Becka Morgan, 스티브 그래슬러 Steve Gressler
캐롤 앤 아렌츠 Carol Ann Arrents, 가족 치료사 줄리 Julie the Family therapist
보비 엠페이 Bobbie Empey, 신티아 버 Cynthia Burr, 제인 더프 Jane Duff
델리아 마셀로스 Delia Marsellos, 리 라이언 Lee Ryan, 앤 리 Ann Lee
마티 코피 Marty Coffee, 조지 핸더슨 박사 Dr. George Handerson
메리 베스 로씨터 Mary Beth Rossiter, 샐리 번스 Sally Burns
브랜디 우드 Brandi Wood, 프란시스 와이스 Francis Wise
랜스 옐로우핸드 Lance Yellowhand, 그리고 그 외 많은 분들.

그리고 가장 좋은 부모님이 되어주신
나의 아버지와 어머니에게 감사를 드립니다.

상처 입은 영혼들의 춤
The dance of wounded souls

a cosmic perspective of codependence and the human condition

초판 1쇄 2013년 10월 31일

지은이 | 로버트 버니
옮긴이 | 이세형

펴낸이 | 임말희 · 권금미
편집 | 최유미
프린트 | 문성인쇄
펴낸곳 | 눈 출판그룹

출판등록 | 2012년 5월 23일 제321-2012-000122호
주소 | 서울특별시 서초구 서초동 1445-14 더샵서초 103동 713호
전화 | 02-3394-4745
팩스 | 02-3394-4749
이메일 | malheeklarayim@gmail.com
홈페이지 | www.nun.or.kr

값 15,000원
ISBN 978-89-94347-29-5 (93180)

파본이나 잘못된 책은 바꿔드립니다.

 이 도서의 국립중앙도서관 출판시도서목록(CIP)은 e-CIP 홈페이지(www.nl.go.kr/ecip)에서 이용하실 수 있습니다.(CIP 제어번호 : 2013021409)

목차

저자의 서언

10년 전 "동반 의존자Codependent"라는 용어를 처음 접했을 때 나는 이 용어가 나와 개인적으로 관련이 없다고 생각했습니다. 당시 알코올 중독에 빠진 사람을 언급할 때만 이 용어가 사용되고 있었고, 나는 알코올 중독에서 회복 중에 있었기 때문에, 내가 중독에 의존된 자Codependent일 수는 없다고 생각했습니다.

나는 알코올 중독자 가정의 어른아이 증후군the Adult Children of Alcoholics Syndrome에 좀 더 주목하였는데, 그 이유는 내가 알코올 중독 가정에서 자라지 않아 개인적으로 이를 나에게 적용할 수는 없었지만, 대신 내가 아는 많은 사람들이 이 증후군의 증상을 갖고 있었기 때문이었습니다. 나는 결코 어른아이 증후군과 동반 의존 사이에 어떤 관계가 있을 것이라고 생각하지 않았습니다.

그러나 알코올 중독에서 회복되던 중, 나는 중독에서 벗어나 술을 끊은 것으로는 충분하지 않다는 사실을 깨닫기 시작했습니다. 나는 다른 대답을 찾기 시작했습니다. 당시 어른아이 증후군 개념은 알코올 중독 가족뿐 아니라 그 경계 너머 확장된 의미로 사용되고 있었습니다. 나의 가정이 알코올 중독은 아니었다 하더라도 역기능적 가정이었다는 사실을 깨닫기 시작했습니다.

당시 나는 알코올 중독 회복 현장에서 일하는 중에 동반 의존과 어른아이 증후군의 증상을 가진 이들과 매일 만나게 되었습니다. 이 만남을 통해 동반 의존의 의미가 확장되고 있음을 깨닫게 되었습니다. 이때 나는 나 자신의 회복과 다른 사람들의 회복을 도우면서 지속적으로 새로운 정보를 찾고 있었습니다. 최근에 출판된 책을 읽거나 강습회에 참석하면서 "동반 의존자"와 "어른아이"라는 용어에 어떤 일정한 유형이 있음을 보게 되었고, 비로소 나는 이 두 용어가 동일한 현상을 기술하고 있음을 깨닫게 되었습니다.

그러나 읽었던 책과 내가 만난 전문가들 모두는 "동반 의존"을 다르게 정의하고 있었고 이점이 이해를 어렵게 했습니다. 그래서 나는 나 자신을 위해 모든 것을 포용하는 하나의 정의를 찾기 시작했습니다.

이 시도를 통해 나는 보다 큰 범주에서 현상을 탐구할 수 있었습니다. 사회의 역기능적 성격을 보기 시작했고 사회의 다른 영역까지 살필 수 있었습니다. 그리고는 마침내 인간의 조건 그 자체를 보기 시작했습니다. 이 탐구의 결과 『상처 입은 영혼들의 춤 : 동반 의존, 우주적 관점에서 본 동반 의존과 인간의 조건Codependence/ The Dance of Wounded Souls, A Cosmic Perspective of Co-dependence and the Human Condition』이라는 이 책을 세상에 내놓게 되었습니다.

이 책은 내가 수년간 공들여온 대화의 결실입니다. 대화를 책의 형식으로 개작, 편집, 재구성하였으며, 확대하고 첨가하여 정보를 명료하게 했습니다. 그러나 이 책 여러 곳에 대화체의 맛과 문체가 여전히 남아 있습니다. 나는 이러한 분위기를 바꾸지 않았습니다. 그 이유는 대화체의 글이 내가 소통하고자 하는 다층적 메시지를 적절하게 전달해주기 때문입니다.

인간이 삶의 의미와 목적에 대해 곤경과 혼란을 경험하는 이유는 다양한 실재의 차원이 인간됨의 경험에 작용하기 때문입니다. 한 차원의 진리를 다른 차원의 경험에 적용함으로써 인간은 인간적인 경험의 관점에서 큰 혼란과 왜곡을 경험했습니다. 이는 마치 우리에게 익숙한 일차원적 체스 게임과 스타 트랙의 주인공들이 하는 삼차원적 체스 게임의 차이와 같습니다. 예컨대 이 둘은 완전히 다른 두 개의 게임입니다.

이것이 바로 인간이 처한 난국입니다. 우리는 잘못된 규칙으로 게임을 해온 것입니다. 예컨대 효과적이지 않은 역기능적인 규칙으로 게임을 해온 것입니다.

1991년 6월 이 대화를 처음 시도하면서 나는 말로 표현할 수 없을 만큼 두려웠습니다. 내가 느꼈던 감정의 기억은 마치 격노한 군중이 던진 돌에 맞아 내 존재가 죽을 것 같은 경험이었습니다. 이것은 혼자 해야 할 일이었기 때문에 나 홀로 이 대화를 계속하였습니다. 나는 공개적으로 일어서서 나만의 진리를 소유할 필요가 있었습니다. 내가 믿게 된 진리, 곧 나 자신에게 삶에서의 행복, 평화, 기쁨을 찾도록 허락한 그 진리를 견지할 필요가 있었습니다. 나는 다른 사람들도 나의 메시지에서 기쁨과 평화를 발견하는 것을 보았습니다.

그래서 내가 발견한 메시지가 당신이 누구며 왜 이곳에 존재하는지 기억하게 할 것이라는 희망을 갖고 이 메시지를 당신과 나누고자 합니다. 이 책에 담긴 정보는 절대적이거나 결정적인 단언이 아닙니다. 여기 담긴 지식은 당신이 생각해 볼 수 있는 또 다른 대안적 관점입니다. 말하자면 당신의 삶을 좀 더 쉽고 즐겁게 경험할 수 있도록 돕는 우주적 관점입니다.

제1장

동반 의존

변혁적 치유 과정이 지구에서 시작되었습니다. 집단적 인간 감정 의식의 에너지 영역에서 일어난 심오한 변화로 인해서 이전의 인류 역사에서는 결코 가능하지 않았던 치유가 이제 가능해졌습니다. 처음으로 인간이 처한 곤경의 핵심문제들을 직접 다룰 수 있는 능력을 갖게 되었습니다.

독자들과 인간 조건의 우주적 관점을 나누기 위해서, 인간이 처한 곤경의 핵심적인 문제들을 탐구하기 위해서, 그리고 지구적 상황에서 일어난 변화를 설명하기 위해서, 먼저 진리에 대한 것으로 시작하겠습니다.

진리

내가 이해하는 진리는 지성적 개념이 아닙니다. 진리는 영혼이 의식, 영혼, 영 곧 나의 존재와 교류하는 감정적인 에너지이자 떨림이 있는 소통입니다. 진리는 내가 내면에서 느끼는 어떤 것 곧 어떤 감정입니다.

진리란 누군가가 정확하게 말하거나 글을 쓰거나 노래할 때 순간적으로 어떤 깊이에서 깨달음을 경험하는 내면의 느낌입니다. 예컨대 "아하"의 느낌입니다. 나의 생각 속에서 전구의 불이 켜지는 느낌입니다. "오! 맞았어!" 하고 무릎을 치는 느낌입니다. "맞아! 그거야" 혹은 "그건 아니야" 하는 직관적 느낌입니다. 머리가 아니라 내장으로 느끼는 느낌이고 가슴으로 경험하는 느낌입니다. 내 안에 반향을 일으키는 어떤 것에 대한 느낌입니다. 내가 까맣게 잊어버려 기억하지 못했던 것을 기억하는 느낌입니다.

우리의 삶에는 다양한 차원의 춤이 있습니다. 심지어는 진리의 춤조차 차원이 다양합니다. 궁극적 진리가 있는가 하면 상대적 진리가 있습니다. 궁극적 진리는 영원하고 영속적인 실재, 신의 힘, 곧 위대한 영과 관계합니다. 상대적 진리는 개개인의 직관적 지혜와 관계합니다. 이 지혜는 갑이란 지점에서 을이라는 지점에 도달하기 위해 얻게 되는 메시지입니다. 영혼으로부터 얻은 지혜는 우리 앞에 무엇이 놓여있는지를 분별하도록 합니다.

우리 각자의 상대적 진리는 우리와 함께 자라갑니다. 우리 각자에게는 도달해야 할 독특한 여정 곧 우리 자신의 내적인 구조의 세계가 있습니다. 누구도 당신이 어떤 길을 가고 있는지 말해줄 수 없습니다. 진리는 당신 자신의 것입니다. 그러므로 오직 자신만이 자신의 진리를 알 수 있습니다. 우리 자신의 진리가 육체의 경험을 통해 우리의 여정과 관계하게 될 때 – 우리 자신의 진리들을 따르고 그 진리에 신실함으로써 – 우리는 궁극적 진리와 균형과 조화를 이룹니다.

나는 이 책에서 나의 진리를 당신과 함께 나누고자 합니다. 나의 가슴과 나의 영혼을 나누고자 합니다. 당신이 이 책을 읽어가는 중에 당신의 가슴과 당신의 영혼으로부터 터져 나오는 감정의 메시지를 최대한 인식해 보기를 간절히 바랍니다.

내 모든 관계를 위해서

나는 영적 존재의 기쁨의 표현으로서 진리와 자신을 나눌 것입니다. 왜냐하면 이것이 나에게 필요하기 때문입니다. 나는 이 진리를 주고받을 때 치유의 기운이 나에게 계속 흐른다는 것과 내가 받은 것을 통해 내가 치유된다는 것을 알고 있습니다.

이 방식으로 나는 진리를 옹호하고 "모든 관계"를 존중합니다. 나의 모든 관계란 미국 인디언들의 용어로서 모든 사람과 사물 안에 현존하는 위대한 영을 말합니다. 우리는 모든 사람, 모든 사물과 관계되어 있습니다.

우리 모두가 하나라는 진리는 궁극적이고 영원하며 찬양받을 만합니다. 나는 이 신념을 존중하며 이 신념에 헌신합니다. 우리 모두는 존재하는 만물의 하나 됨, 곧 보편적이고 창조적인 신의 힘의 완전한 부분들입니다.

나는 사랑의 표현으로서, 인과응보에 합당한 행동으로서, 내가 나의 진리에서 발견한 기쁨을 나눕니다. 내가 이렇게 나의 기쁨을 나눌 때 당신은 당신 안에 있는 진리를 기억할 것입니다. 내가 발견한 나의 진리를 당신과 나누게 될 때 당신은 자신이 진정으로 누구이며 왜 여기에 존재하는지의 진리를 생각할 것입니다.

영적 존재들

나는 우리를 인간의 경험을 가진 영적 존재들로 인식하고 경험합니다. 우리가 여기에 있는 것은 어떤 형벌을 받기 위해서가 아닙니다. 우리는 인간됨을 경험하기 위해 여기에 있는 것입니다. 이처럼 수수께끼 같은 인간 경험을 통과하는 것이 삶입니다. 곧 삶의 춤, 삶으로 존재하는 춤입니다.

상처 입은 영혼들의 춤

우리는 상처 입은 영혼들입니다. 수천 년 동안 영적으로 적의가 가득한 지구에서 인간의 육체를 입고 살아온 상처 입은 영적 존재들입니다.

지구의 조건이 바뀌었습니다. 이것이 내가 당신과 나누고 싶은 기쁜 소식입니다. 춤이 변하고 있습니다. 역사가 기록되기 전, 역사의 새벽이 동트기 전, 인간의 춤은 주로 생존, 인내, 고통에 대한 것이었습니다.

이제 우리는 아주 특별한 시기에 접어들고 있습니다. 이 지구에 살고 있는 인간의 의식에서 치유와 기쁨의 시대가 임하고 있습니다. 지구의 역사가 기록된 이래 이전에 없었던 치유의 기운과 영적인 지도에 다가갈 수 있도록 분명한 도구와 지식을 갖게 되었습니다.

춤이 변하고 있습니다. 변화를 가져오는 치유의 과정이 지구에서 시작되었습니다. 우리는 인류가 수천 년 동안 덫에 빠져 헤어 나오지 못했던 영속적인 파괴 행위의 악순환을 끊어내는 과정에 돌입했습니다. 파괴적인 춤이 치유의 춤으로 변하고 있습니다.

새로운 치유의 춤을 일러 단순히 "회복"이라 하고, 오랫동안 춰왔던 파괴적인 춤을 일러 "동반 의존"이라 할 것입니다.

동반 의존

현실적으로 "동반 의존"은 현상을 정확하게 기술하기 어렵고 다소 의미가 잘못 전달될 수도 있는 용어입니다. 좀 더 정확하게 표현한다면, 외부-의존outer-dependence 혹은 외적 의존external dependence 정도가 될 것입니다. 그러나 이 용어를 왜 "동반 의존"이라 부르게 되었는지 이해하는 과정에서 치유 과정에 필요한 도구와 지식을 발견하였습니다. 동반 의존은 그 메시지 안에 내포된 진리 때문에 지난 수년간 우리 사회의 일반인들에게 폭넓게 퍼져나갔습니다.

최근 몇 년간 동반 의존에 대한 정의가 크게 바뀌었습니다. 지금은 그 의미가 처음 사용 되었을 때 보다 훨씬 역동적으로 진화되고 확장되었습니다. 여기에서 내가 소개하는 동반 의존은 처음의 의미보다는 한 단계 진화된 개념입니다. 이 용어는 빠르게 진보하면서 앞을 향해 계속 진화하고 확장되는 중입니다.

그러므로 나는 현재 출판되고 있는 사전이 이전에 사용하던 용어들의 새로운 의미를 더해 가듯이, 동반의존에 대한 이전 정의들의 오류를 바로 잡으면서 그 진화된 과정을 논의하고자 합니다.

이정표들

그러나 우리가 관계하는 이 과정에 이정표를 세우기 위해 잠시 주제를 벗어나 보겠습니다.

우리는 다층적 차원에서 하나의 과정 곧 어떤 여정에 참여하고 있습니다. 물론 이 여정은 개인적 차원입니다. 그러나 이보다 더 높은 또 다른 차원이 있는데 곧 집단적 인간 영혼의 차원입니다. 예컨대 하나인 영혼의 차원입니다. 우리는 한 영혼의 연장이고 현시입니다. 우리는 언제나 완전하게 전개되어 왔고 또 지금도 완전하게 전개되고 있는 영의 진화 과정 가운데 있습니다.

만물은 수학적이며 음악적인 정확한 에너지의 상호 작용에 반응하며 신의 계획에 따라 완전하게 움직이고 있습니다.

개인의 과정과 좀 더 큰 인간의 과정은 모두 이정표를 갖고 있습니다. 이 이정표들은 시작과 끝을 지칭하고 있으며, 많은 경우 이 이정표들은 비극으로 경험되거나 비극처럼 보이기도 합니다. 이정표란 진리 안에서 완전하게 계획된 교훈의 연속입니다. 예컨대 신의 대본에 따라 연기되는 완전한 무대입니다. 이정표는 과정의 전개를 측정하는 척도로서 새로운 위상new phase, 새로운 단계의 입구입니다.

내가 여기서 "이정표"를 말하는 이유는 "동반 의존자"라는 용어가 금세기의 아주 중요한 사건이나 이정표로부터 나왔기 때문입니다. 이정표의 파급 효과는 인간 의식의 변화에 중요한 토대가 됩니다.

수백 년이 지난 후 역사가들은 역사를 회고해보면서 20세기 동안 가장 중요한 사건에 이정표를 세울 것입니다. 이 이정표는 1935년 6월 미국 오하이오주 애크론Akron, Ohio에서 시작된 알코올 중독자 자조 치료 협회Alcoholics Anonymous, AA의 창립입니다.

영적인 혁명

알코올 중독자 자조 치료 협회AA는 수백만의 알코올 중독자들에게 가치로 따질 수 없는 절주라는 선물과 영적 의식의 혁명을 가져다주었습니다.

알코올 중독자 자조 치료 협회의 극적인 성공 및 확장과 더불어 서구 문화에서는 이단으로 여겨졌던 혁명적 생각이 퍼져나갔습니다. 이것은 새로운 생각이 아니라, 이전의 생각을 다시 살려 명확하게 한 것으로, 이론적 개념을 일상적인 인간 삶의 경험에 적용시켜 얻은 실천적 공식이었습니다.

이 혁명적 생각은 '인간이 인격적으로 소통할 수 있는 무조건적인 사랑의 위대한 힘이 존재한다.'는 사실에 기초합니다. 위대한 힘은 그 힘이 커서 그 힘으로 창조한 인간을 심판할 이유가 없습니다. 우주의 힘은 만물이 우주의 관점으로부터 완전하게 전개되고 있음을 확신시켜주고 있습니다.

인간은 사랑의 신께 다가갈 수 있습니다. 따라서 인간은 자신의 이해 정도에 따라 보편적 힘을 이해할 수 있게 되었습니다. 이제 인간은 높은 차원에서 인격적이면서도 친밀한 관계를 발전시킬 수 있게 되었습니다.

다시 말하면, 당신과 당신의 창조자 사이에 어떤 중재자가 필요 없게 되었습니다. 어떤 사람도 당신에게 신에 대한 정의를 심어줄 권한이 없습니다.

알코올 중독자 자조 치료 협회가 번져가고 이 협회로부터 생겨난 다른 치료 협회 프로그램들이 생겨나면서, 서구 문화에서 발생한 이 급진적 혁명의 개념은 가장 효과적으로 멀리 퍼져나갔습니다.

신비가들, 영지자들, 특별히 "원초적" 인간들은 기록된 인간의 역사를 통해서 이 진리의 개념을 이해했습니다. 그러나 도시 기반 문화에 속한 "제도화된 종교들"은 사랑과 인격적 신을 믿는 메신저나 집단을 박해하고 고문하여 십자가에 매달았습니다. 그 이유는 진리의 개념이 대중을 장악할 힘에 도전함으로써 제도화된 종교들의 존재를 위협하였기 때문이었습니다. 그러나 이번에는 이 메시지가 퍼져가는 것이 아주 효과적이었습니다. 왜냐하면 시기적으로 적절하였고, 치유 불가능한 질병을 성공적으로 치유했기 때문입니다. 또한 이 개념이 12단계로 이루어진 영적인 프로그램을 수반하였기 때문입니다.

알코올 중독자 자조 치료 협회의 12단계 프로그램은 일상적인 인간의 삶을 다루면서 영의 능력에 접근하도록 하는 실천적 프로그램입니다. 영의 능력을 육체의 능력에 통합하는 공식입니다. 처음 시작단계에서 12단계의 내용은 수치와 학대의 용어를 담고 있습니다. 그러나 12단계 과정의 근본을 이루는 고전적인 영의 원리는 한 개인으로 하여금 중독을 내려놓고 진리에 거하면서 진리와 연합한 길을 걸어가도록 합니다.

용어의 진화

알코올 중독자 자조 치료 협회의 놀라운 성장과 알코올 중독을 질병 개념으로 봄으로써 1950년대 후반과 1960년대 초반 치료 센터가 등장하게 되었습니다. 이전까지는 알코올 중독자들의 금주에만 주목하여 알코올 중독자들의 가족에는 거의 관심갖지 않았습니다.

하지만 치료 센터들이 생기고 진화함에 따라 치료자들은 알코올 중독자 가족들의 행동에 나타나는 공통적인 특징과 유형에 주목하였습니다.

알코올 중독자에게 영향을 미치는 '의미 있는 타자'를 묘사하기 위해서 새로운 용어가 등장했습니다. 그 용어는 "함께 알코올 중독자alcoholic with"라는 의미의 "동반-알코올 중독자co-alcoholic"였습니다.

기본적 이념은 이러합니다. 알코올 중독자가 알코올에 중독되었다면, 동반-알코올 중독자는 알코올 중독자에게 특별한 방식으로 중독된다는 것입니다. 또한 알코올 중독자의 가족은 중독자의 음주와 행동 때문에 병이 든다는 것입니다.

1960년대 약물 사용이 폭발적으로 늘면서 알코올 중독 치료 센터들은 화학 물질에 의존하는 치료 센터들이 되었습니다. 동반-알코올 중독자들은 동반-의존자co-dependent들이 되었습니다. 동반-의존자라는 말은 "함께 의존자dependent with"라는 뜻이고 그 철학은 동반-알코올 중독자와 동일한 기반에 서 있습니다.

그러나 1970년대 중반에서 후반으로 넘어오면서 이 영역의 개척자들이 알코올 중독으로 영향을 받은 가족들의 행동 유형들을 좀 더 면밀하게 관찰하기 시작했습니다. 어떤 연구가들은 알코올 중독 가족들에게 연구의 초점을 맞추었습니다. 그리고는 알코올 중독 가족에서 자란 어른들을 연구하는 쪽으로 나아갔습니다. 다른 연구가들은 가족 체계의 역동적 현상을 좀 더 면밀하게 바라보기 시작했습니다.

이 연구들을 통해서 어른아이 증후군Adult Child Syndrome을 찾아내게 되었습니다. 처음에는 주로 알코올 중독자들의 어른아이들을 주목하다가 나중에는 역기능적 가족들의 다른 유형들로 관심을 확장해 갔습니다.

역설적이게도 이 연구는 어떤 의미에서 다양한 방식으로 근대 심리학의 탄생을 가져다준 통찰의 재발견이었습니다. 지그문트 프로이트 Sigmund Freud는 10대였을 때 유년기 외상의 중요성에 대한 통찰로써 최초의 명성을 얻게 되었습니다. (이는 그가 코카인 주사를 시작하고 性이 모든 심리학의 뿌리라고 결정하기 여러 해 전에 이미 이루어진 것이었습니다.)

연구가들은 유년기의 감정 외상이 어른이 된 후에도 얼마나 심각한 영향을 미치고 있는지 이해하기 시작했습니다. 이들은 유년기의 외상이 치유되지 않는다면 유년기의 상처와 이로 인해 자리한 잠재의식 속의 태도들이 어른이 된 그의 삶과 여정을 지배하게 될 것이라고 보았습니다. 그러므로 우리는 유년기 때 받은 감정의 상처와 태도들에 기초하여 삶에 반응하면서 어른처럼 보이고 어른처럼 행동하려고 합니다. 우리는 유년기에 경험한 유기, 학대, 박탈의 유형을 계속해서 반복합니다.

정신분석은 감정 차원의 치유가 아니라 지성 차원에서 문제를 다룹니다. 그 결과 20년 동안 매주 정신분석을 받으러 가더라도 여전히 동일한 행동 유형을 반복할 수밖에 없습니다.

1980년대에 어른아이 운동, 가족 체계 역동 연구, 새로이 등장한 '내적 아이inner child' 치유 운동이 확장되고 발전하면서, "동반 의존" 이란 용어도 그 의미가 확장되었습니다. 이 용어는 특정 행동 유형을 기술하기 위해 사용되었습니다. 행동유형은 기본적으로 "사람을 즐겁게 하는people-pleasing" 행동입니다. 1980년대 중반과 후반에 이르러 스스로를 희생자요 구조자로 생각하면서 '사람들을 즐겁게 해주는 이'를 "동반 의존자"라 불렀습니다.

달리 말하면, "동반 의존자"는 알코올 중독 때문이 아니라 자신의 질병, 곧 자신의 유년기 경험 때문에 알코올 중독에 빠진 것입니다.

당시 동반 의존은 기본적으로 수동적인 행동 방어체계라고 보았습니다. 반면 이와 반대되는 공격적 상대를 반-의존자counter-dependent라 하였습니다.

1980년대 중반 아리조나 주에서 현대의 동반 의존 운동이 시작된 이후 동반 의존의 의미가 변화와 진화를 거듭하였습니다. 동반 의존자들 익명모임Co-Dependents Anonymous이 1986년 10월에 처음 모였고 이때 동반 의존을 질병으로 해석한 책들이 출판되기 시작했습니다. 동반 의존을 다룬 책들은 1980년대 초 어른아이 증후군의 책들로 출판되었고, 여기서 진화된 책들이 다음 세대에 나타나기 시작했습니다.

이제 "동반 의존자"라는 용어의 광범위한 사용은 반-의존자 행동을 포함합니다. 우리는 수동적인 행동 방어체계와 공격적인 행동 방어체계 모두가 동일한 어른아이 외상과 감정의 상처에 대한 반응임을 이해하게 되었습니다. 가족 체계 역동 연구는 가족 체계 안에서 아이들이 가족 역동에 따라서 특정한 역할을 받아들임을 보여줍니다. 이 역할들 중 얼마는 좀 더 수동적이고, 또 이들 중 얼마는 좀 더 공격적입니다. 왜냐하면 가족 체계 안에서 주목을 받고 인정을 받고자 하는 경쟁으로 인해 아이들은 한 독립된 개인으로서 다양한 행동 유형을 받아들여야 하기 때문입니다.

우리가 인격으로 여기는 큰 부분이 사실은 본래적 자신의 왜곡된 모습으로 이루어져 있습니다. 왜냐하면 우리의 가족 체계 역동에 따라 남들의 요구에 맞추어야 하기 때문입니다.

행동 방어들

이제 행동 방어와 관련하여 내가 발견한 것들을 당신과 나누고자 합니다. 우리는 먼저 우리의 인격적 방어체계로서 다양하게 조합된 여러 행동 유형을 선택합니다. 그리고 인격적 범주의 한 극에서 다른 극으로 왔다 갔다 합니다. 여기서 말하는 행동 유형들은 깨달음과 즐거움을 주기 때문에 이 유형들을 당신과 나누면서 이 지점을 한 지표로 삼고자 합니다.

나는 **공격적 – 공격적 인간**을 "전투적 협박자militant bulldozer" 라 부를 것입니다. 이런 사람은 기본적으로 반-의존자로서 "누가 뭐라고 하던 나는 상관 안 해!" 라는 태도를 가진 사람입니다. 이들은 당신을 넘어지게 하고 당신이 넘어진 것은 당연하다고 말하는 사람들입니다. 세계 안에서 스스로가 다른 사람들보다 우월하다고 느끼는 "적자 생존자" 이며 몰아세우는 자본주의자이자 자기 의에 사로잡힌 종교적 광신주의자들입니다. 이런 유형의 사람은 다른 사람들이 갖고 있는 인간적 "약점" 을 경멸합니다. 왜냐하면 자신의 인간성을 두려워하고 수치스럽게 생각하기 때문입니다.

공격적 – 수동적 인간은 "자기-희생적 협박자" 라 불리는 사람들입니다. 이들은 당신을 넘어뜨리고 그렇게 넘어뜨린 것은 당신이 잘되라고 한 것이며, 당신이 넘어진 것으로 인해서 당신보다 그들 자신이 더 상처를 입었다고 말합니다. 이는 "당신을 위한다는" 명목으로 당신을 공격적으로 통제하려는 유형의 사람들입니다. 왜냐하면 이들은 무엇이 "옳으며" 무엇을 "해야 하는지"를 안다고 생각하고 이 사실을 당신에게 알려주어야 할 의무가 있다고 생각하기 때문입니다. 이들은 다른 사람들이 "바른" 길, 곧 자신들의 방식으로 일을 하지 않기 때문에 지속적으로 가해자가 됩니다.

수동적 – 공격적 인간은 "전투적 순교자" 라 불리는 사람들입니다. 이들은 그럴듯한 목소리로 양날의 혀의 칼로 당신의 감정을 후벼 파내는 사람입니다. 이 사람들은 좀 더 은밀하게 수동적-공격적 방식으로 "당신을 위한다." 는 명목 하에 당신을 통제합니다. 이들은 "당신에게 가장 좋은 것만 원한다." 고 하면서 기회만 있으면 당신을 파괴합니다. 이들은 자신이 사랑을 준 무심한 사람들로 인해서 계속해서 불공평하게 희생된 훌륭한 사람들이라고 스스로를 생각합니다. 여기서 스스로가 희생양이 되었다는 내용이 삶의 대화의 중심 주제이며 초점입니다. 왜냐하면 이들은 너무 깊이 자기에 빠져서 다른 사람들의 이야기를 거의 들을 수 없기 때문입니다.

수동적 – 수동적인 인간은 "자기-희생적 순교자" 라 불리는 사람들입니다. 이들은 스스로를 비하하는 데 많은 시간과 힘을 쏟는 사람들입니다. 자신은 감정적으로 약하다는 이미지를 투사해서 누군가 이 사람을 화나게 했다는 것만으로도 죄의식을 느끼게 합니다. 이들은 죽은 이후에도 계속되고 믿을 수 없을 정도로 정확하며, 장거리의 레이더에도 포착이 안 되는 죄의식 공격 어뢰입니다. 죄의식과 자기-희생적 순교자와의 관계는 고약한 냄새와 스컹크의 관계처럼 밀접합니다. 말하자면 죄의식은 원초적 방어기제입니다.

모든 방어기제는 생존하려는 욕구에서 받아들인 것입니다. 이는 내면에 상처를 받아 두려움에 떨고 있는 아이를 보호하고 위장하기 위한 것입니다.

방어기제는 광범위한 일반적 범주가 있고, 개인적으로는 우리 스스로를 보호하기 위해서 다양한 정도와 여럿이 조합된 행동 방어들이 있습니다.

우리가 살아가는 일반 전통 사회에서, 남자들은 "존 웨인 증후군

John Wayne syndrome" 이라는 공격성을 가진 반면, 여자들은 자기희생적이며 수동적이라고 배웠습니다. 그러나 이것은 일반화에 불과합니다. 우리가 자란 가정에서 어머니가 존 웨인으로 역할을 하고 아버지는 자기희생적인 순교자로 역할을 할 수도 있습니다.

역기능적 문화

나는 동반 의존 개념을 통해 가족뿐 아니라 역할 모델이나 우리의 본래 모습도 역기능적이라는 것을 보게 되었습니다.

남자와 여자에 대한 전통 문화의 개념들은 남성성과 여성성에 대해 우스꽝스러울 정도로 비틀리고 왜곡되어 있습니다. 따라서 우리 안에 있는 남성 에너지와 여성 에너지의 균형을 찾아주고, 우리를 둘러싸고 있는 남성 에너지와 여성 에너지를 균형 있게 함으로써 치유를 가져올 수 있습니다. 남성성과 여성성에 대한 비틀리고 왜곡된 신념이 남성 에너지와 여성 에너지의 균형을 이룰 수 없게 합니다.

남자의 역할 모델이 남자에게 두려움을 말할 수 없고 표현하지 못하게 하고 여자의 역할 모델이 여자에게 분노를 표출할 수 없고 공격적이지 못하게 한다면, 감정적으로 부정직하게 됩니다. 한 사회의 기준이 전체적인 감정의 잔상을 거부하고 특정한 감정을 부정적으로 몰아간다면, 감정적으로 정직하지 못하게 하여 감정의 질병을 낳습니다.

만일 어떤 문화가 감정적으로 정직하지 못한 역할 모델로 인해 감정적으로 부정직하게 된다면, 그 문화는 감정적인 역기능에 빠지게 됩니다. 왜냐하면 그 사회에 속한 사람들은 감정의 욕구와 맞닥뜨릴 때 감정적으로 정직하지 못하고 역기능적이 되도록 강요될 것이기 때문입니다.

전통적으로 우리가 사는 사회에서 정상적인 자녀의 양육은 감정적으로 정직하지 못한 분위기에서 이루어졌기 때문에 폭력적이었다고 볼 수 있습니다. 어린아이들은 감정적인 면에서 부모를 역할 모델로 삼았습니다. "얘야 내가 행한 것은 본받지 말고 내가 말한 대로 살아라." 라는 부모의 말은 아이들에게 먹히지 않습니다. 감정적으로 부정직한 부모는 감정적으로 건강한 역할 모델이 될 수 없으며 건강한 양육을 할 수 없습니다.

이상적인 전통 가족 모델은 폭력적이며 감정적으로 부정직한 역동 위에 세워졌습니다.

세 살 난 아이가 아장아장 방안으로 걸어 들어가는데 엄마가 침대에서 울고 있는 장면을 상상해 보십시오. 아이에게 엄마는 죽어가고 있는 것처럼 보입니다. 아이는 공포에 질려 말합니다. "엄마 사랑해요!" 엄마는 아이를 쳐다봅니다. 그녀의 두 눈은 사랑으로 가득합니다. 그리고 얼굴에 웃음을 지으며 말합니다. "오! 내 사랑. 아가야, 나는 너를 사랑한단다. 나의 멋진 아가야. 이리 와 엄마를 안아주렴. 네가 엄마를 너무 행복하게 하는구나!"

가슴 뭉클한 장면이라고요? 아닙니다. 감정의 학대죠! 아이는 방금 자신이 엄마의 생명을 구할 수 있는 힘이 있다는 메시지를 받은 것입니다. 아이는 힘을 갖게 되었고 엄마의 감정을 책임지게 된 것이죠. 이것이 감정의 학대입니다. 이제 아이는 부모의 감정의 필요에 책임을 지는, 감정적인 근친상간의 구조를 세운 것입니다.

건강한 부모라면 그 순간 엄마도 울 수 있는 것이라고, 슬프거나 마음에 상처를 받았을 때 사람들이 우는 것은 건강한 것이고, 좋은 것이라고 설명했을 것입니다. 그랬다면 슬픔과 상처, 분노와 두려움, 기쁨과 행복 등 모든 정서와 감정을 충분히 경험하여, 아이에게 감정적으로 건강한 부모가 "역할 모델"이 되었을 것입니다.

인간의 조건

동반 의존 운동이 지금까지 진화하는 과정에서 이 운동을 이끈 지도자들은 최근 펴낸 책들에서 문화적 동반 의존이란 용어를 쓰고 있습니다.

그 동안 이 용어가 진화되어 왔습니다. 이런 상황에서 문명화의 동반 의존으로의 진화를 제안하는 바입니다.

인간의 조건으로서의 동반 의존!
동반 의존 회복 운동은 일시적 유행이 아닙니다. 일회용 반창고가 아니라는 말씀입니다. 또한 임시변통의 해결책도 아닙니다. 예컨대 동반 의존 회복 운동은 일반 대중을 지향한 심리학이 아닙니다.

동반 의존은 인간이 처한 난국의 핵심 주제입니다.

동반 의존은 모든 증상을 일으키는 원인에서 생겨난 것입니다. 그 원인은, 영적인 질병(불-편함, dis-ease)으로서, 영적 자기와의 관계가 불편하며 부조화된 상태입니다. 또한 우주와도 균형과 조화를 잃어버린 상태입니다. 심리적이고 감정적이며 정신적인 모든 질병들은 영적인 질병으로부터 나온 것이며 촉발된 것입니다.

(영적인 질병의 상황은 수천 년에 걸쳐 오랫동안 인간 경험의 한 부분이 되었습니다. 그 결과 영적인 질병을 나타내는 어떤 방어기제들은 진화하는 인간에 의해 유전되었습니다. 나는 알코올 중독이 유전적으로 전이된 신체적 질병의 한 예라고 생각합니다. 여기서 신체적 질병은 영적인 질병의 아픔을 극복하기 위해 고안된 행동 방어기제입니다.)

인간의 조건은 하나의 증상입니다. 우리가 이해하는바, 인간의 본성은 하나의 증상입니다. 인간의 조건은 인간의 본성 안에 있는 흠의 결과가 아닙니다. 인간의 조건과 인간의 본성 모두가 영향을 받아 생겨난 것입니다.

동반 의존의 조건은, 앞서 말했듯이 좀 더 정확하게는 외부 혹은 외적 의존으로 기술될 수 있는 것으로, 우리가 유전적으로 물려받은 인간의 조건입니다.

제2장

상처 입은 영혼들의 춤

상처 입은 영혼들의 춤은 인간의 조건으로 진화하며 계속되는 인과적 순환입니다. 동반 의존의 춤은 우리가 거기에 맞춰 춤을 추게 된 원인이자 곡조이고, 결과이며 춤 자체입니다. 동반 의존이 본질적 원인은 아닙니다. 다만 인간의 진화 과정을 지배해 온 계속되는 인과응보의 순환입니다.

영적인 차원에서 보면 본래적 상처가 이 땅을 적의로 가득한 세계로 바꾸어 놓았습니다. 때문에 영적으로 적의에 찬 상황이 많은 사태의 원인이 됩니다.

감정들

그 결과 인간은 자신의 감정을 파괴적인 방법으로 표현하기 시작했습니다. 이것이 우리가 입은 가장 큰 피해입니다. 영적 자기Spiritual Self와 인간의 자기human self를 잇는 통로가 지구의 상황에 의해 부서졌기 때문에 인간의 자아human ego는 다른 인간들과 또 그 근원과 분리되었다는 생각을 하기 시작했습니다. 이 분리되었다는 생각이 폭력을 가능하게 했습니다.

잘못된 생각으로 야기된 폭력은 인간으로 하여금 더 이상 자유로운 감정의 흐름의 과정을 즐길 수 없게 했습니다. 그 결과 감정적으로 억압적인 분위기가 지구의 사회 조직을 지배하였습니다. 사회는 인간의 감정이 부정적이므로 제제와 통제를 받아야 한다고 생각하면서 방어체계를 받아들이라고 강요합니다. 인간이 인류의 생존을 보장하면서 공동체로 함께 살아가려면 이는 어쩔 수 없는 것이라고 가르칩니다.

그런데 이런 가르침은 더 이상 절대적일 수 없습니다. 오히려 이 가르침은 역기능적이 되었습니다.

감정을 억압하는 행위는 개체 존재의 감정적, 정신적, 영적인 건강에는 언제나 역기능적이었고, 인류의 신체적 생존에만 기능적이었습니다.

감정이 파괴적인 방식으로 표현되어서는 안 됩니다. 감정은 진리와 연합을 허용하는 영적인 에너지와 안내를 향해 좀 더 분명하게 다가가야 합니다. 이제 우리는 감정을 치유하고 개인에게 건강한 감정의 교류를 즐길 수 있게 하는 도구와 지식과 안내를 갖게 되었습니다.

감정을 억압하는 것은 역기능적입니다. 정말 효과적이지 않습니다. 감정은 에너지입니다. 감정이란 움직이는 에너지입니다. 때문에 감정은 그 용어가 의미하는 바대로 움직여야하고 흘러가야 합니다.

감정은 설사 불편하게 느껴질지라도 목적이 있고 나름 이유가 있습니다. 두려움은 무엇인가를 향한 경고이고, 분노는 보호를 위한 것이며, 눈물은 정화와 분출을 위한 것입니다. 이는 부정적인 감정의 반응이 아닙니다. 우리는 이러한 감정들에 대해 부정적으로 반응하도록 배웠습니다. 그런데 기능적이고 부정적인 것은 우리의 반응이지 감정이 아닙니다.

존재의 건강을 위해 정직한 감정이 절대적으로 필요합니다. 거짓 신념과 정직하지 못한 태도와 싸우기 위해서 우리의 감정을 부정하고, 왜곡하며, 차단할 때, 감정적이고 정신적인 질병이 생깁니다. 감정적이며 정신적인 질병은 신체적 질병을 낳고 신체-생물학적 불균형을 가져옵니다.

동반 의존은 부정직하고 억압적인 감정을 낳고 이로써 위험하고도 치명적인 질병을 가져옵니다. 동반 의존은 우리의 마음을 무너뜨리고,

우리의 생각을 휘저어 놓으며, 영적 불-편함(질병dis-ease)과 우리의 상처 입은 영혼들이 되게 하여 결국은 우리의 신체적 몸을 죽입니다.

감정의 과정을 분명히 밝히고 이에 정직하게 반응하는 것이 상처 입은 영혼들을 치유하는 열쇠입니다. 인간의 감정에 분명하고도 정직하게 반응할 수 있을 때 – 역기능적이고 억압적인 감정, 영적으로 적대적인 환경에서 갖게 된 비틀리고 왜곡된 부정적 관념, 긴장의 감정에 대한 반응들을 바꿀 때 – 진리에 속한 감정의 에너지를 만날 수 있습니다. 그렇지 않다면 우리는 자신의 영적 자기Spiritual Self와 만날 수도 연결될 수도 없습니다.

우리 각자는 진리 곧 위대한 영에 이르는 내적 통로를 갖고 있습니다. 그러나 그 내적 통로가 억압된 감정 에너지, 비틀리고 왜곡된 태도들, 거짓 신념들로 막혀 있습니다.

우리는 지성적 차원에서 거짓된 신념을 몰아낼 수 있습니다. 지성적으로 빛과 사랑의 진리를 기억하여 하나 됨을 알 수 있습니다. 감정의 상처가 해결 될 때 우리는 일상의 인간 실존 안에 영적인 진리를 통합할 수 있습니다. 예컨대 감정의 상처를 다루어야 생존을 위해 받아들였던 역기능적 행동 유형을 근본적으로 바꿀 수 있습니다. 따라서 유아기부터 잠재의식에 자리한 감정적 프로그램을 다루어야 합니다.

사랑하기를 배우고 싶다면 분노를 소중하게 다루십시오.

우리 자신이나 이웃과 진정한 친밀감을 갖고 싶다면 자신만의 슬픔을 잘 보듬으십시오.

빛과 다시 연결하고 싶다면 어둠에 대한 우리의 경험을 존중하고 소중히 여기십시오.

기쁨을 충분히 느끼고 싶다면 슬픔을 피하지 마십시오.

감정을 치유하면 가장 역동적인 차원에서 우리의 상처 입은 영혼이 치유됩니다. 영혼과 사랑과 빛이 연결됩니다. 기쁨과 진리인 신적 힘과도 연결됩니다.

움직이는 에너지 (감정, E-Motion)

감정의 에너지는 그 자체가 움직이고 흘러갈뿐 아니라 우리를 움직이게 합니다. 우리를 자극하여 삶이 앞으로 나아가게 합니다. 감정의 흐름이 막히고 억압을 당하면 감정이 빠져나가지 못하고 묶이게 됩니다. 에너지는 그냥 사라지지 않습니다. 감정의 에너지가 바뀔 수는 있어도 사라질 수는 없습니다. 이것이 물리학의 법칙입니다.

억압된 감정의 에너지는 부정의 에너지가 되어 여전히 우리를 자극합니다. 이로써 강박 신경증 행동obsessive-compulsive behavior과 중독이 생겨납니다. 억압된 감정의 에너지는 어느 순간 분출될 수밖에 없습니다. 억압된 감정은 어떤 방법으로든 드러날 수밖에 없고, 어떤 모양으로든 변형될 수밖에 없습니다.

인간이 구성하고 있는 모든 체계가 마찬가지입니다. 개인이든, 가족이든, 특정 공동체든, 사회든 모두가 마찬가지입니다.

억압된 감정들은 우리로 하여금 일중독, 운동 강박, 종교 중독, 자기 의와 자기 파괴의 강박관념에 빠지게 합니다. 감정을 지속적으로 억압하게 되면 알코올과 마약, 음식과 담배 같은 물질을 사용하여 그 감정을 아래로 눌러 계속해서 삼켜버리고자 합니다.

억압된 감정들은 폭력과 전쟁, 살육과 강간의 형태를 띠고 외부로 폭발합니다. 우리가 살아가는 지구를 강탈하고 스스로를 강간합니다. 감정을 밖으로 폭발시키는 것은 자기를 향한 폭력입니다.

억압된 감정을 안으로 폭발시키면 체계가 역기능화 합니다. 개인 존재의 경우 이것은 감정적, 정신적, 신체적 질병으로 나타납니다. 보다 큰 체계와 가족 그리고 사회의 경우 억압된 감정은 어린이 학대, 근친상간, 범죄와 가난, 노숙과 오염이란 역기능으로 나타납니다.

우리는 어릴 적 배운 춤을 어른이 되어서도 계속 춥니다. 우리가 감정적으로 억압되고 영적으로 적의에 찬 환경에서 생존하느라 감정의 과정을 억압하고 왜곡했다면, 이 억압과 왜곡은 어른이 되어서도 계속 나타납니다.

우리는 억압된 감정의 에너지에 자극을 받습니다. 유아기적 감정의 상처들에 반응하면서 삶을 살아갑니다. 어릴 때 받지 못했던 건강한 관심과 사랑, 건전한 사랑과 양육, 격려와 존경과 인정을 받고자 노력합니다.

이러한 역기능적 춤이 바로 동반 의존입니다. 이것이 어른아이 증후로서 인간이 수천 년 동안 추었던 춤입니다. 동반 의존은 자기 파괴적인 행동의 지속적인 악순환입니다.

과거의 상처는 영적 불-편함과 단절을 야기하는 조건을 만듭니다. 이 조건은 또다시 악순환을 지속시킨 감정의 과정 곧 감정을 억압하고 막아버립니다.

인간은 억압을 받았다고 해서 저주를 받은 것이 아닙니다. 감정적으로 억눌려 막히게 되면 우리는 그것을 저주처럼 느낍니다.

내면의 아이

우리는 부모님과 사회의 역할 모델들로 인해서 감정적으로 역기능화 됩니다. 우리는 아주 어려서부터 감정적 과정을 억압하며 왜곡하도록 배우고, 감정적으로 정직하지 못하도록 훈련받습니다.

감정적 억압과 부정직함 때문에 사회는 감정적으로 역기능화 됩니다. 더 나아가 도시에 기반을 둔 문명화는 인간의 발달과정과 같은 자연법과 자연적 순환을 철저하게 무시합니다. 그 결과 자연적인 인간 발달과정이 우리의 문화 속에 통합하지 못하게 됩니다.

예를 하나 들어보겠습니다. 원시 사회 혹은 원주민 사회가 사춘기에 들어선 이들에게 어떻게 반응했는지를 살펴보십시오. 한 소녀가 월경을 시작하면 원시 사회는 그녀의 여성성을 축하하면서 이제 비로소 여성으로서 힘을 갖게 된 것과 아이를 가질 수 있는 기적적인 선물을 받은 것에 경의를 표해줍니다. 또한 훈련을 통과한 소년들에게 성인식을 베풀어 줌으로써 소년에서 성년이 되었음을 선포합니다. 그런데 우리 사회에서는 어떤 일이 일어나고 있는지를 보십시오. 중학교에 다니는 학생들은 혼돈과 공포에서 서로를 고문하며 두려움에 떨고 있는 불안한 아이들입니다. 불안한 아이들은 정체성을 찾고자 갱단에 입문합니다.

자연적인 인간 성장 과정과 잘 통합되지 못하면, 이것이 외상으로 남습니다. 모든 발달 과정에서 감정이 억압을 받고, 영이 적대적인 환경에 던져질 때 외상이 됩니다. 우리는 불완전한 상태로 다음 단계로 넘어가고 이어서 다시 외상을 경험하고 또 다시 상처를 받습니다.

우리는 감정의 자리(저장된 감정 에너지)와 각각의 발전 단계와 관계하는 우리 안에 포로 된 자아를 갖고 있습니다. 때로 우리는 세 살짜리로 반응하고 가끔은 열다섯 살짜리로 반응하며 또 때로는 일곱 살짜리로 반응합니다.

만일 당신이 누군가와 싸우고 있다면 잘 살펴보십시오. 어쩌면 12 살짜리 두 아이가 싸우고 있는지도 모릅니다. 당신이 부모로서 아이와 문제가 있다면 당신 안에 있는 여섯 살짜리 아이가 여섯 살 난 당신의 아이를 대하고 있기 때문일 것입니다. 연애가 힘든 이유는 어쩌면 열다섯 살 난 당신이 열다섯 살 된 당신의 애인을 비비꼬고 있기 때문일 것입니다.

원하는 대로 일이 잘 풀리지 않거나 기분이 우울하다고 느낄 때면, 당신이 몇 살짜리인지 스스로에게 물어보십시오. 이 물음을 통해 당신은 성질이 고약한 어린 소녀 혹은 어린 소년임을 깨닫게 될 것입니다. 이 때 당신은 고약한 어린 소녀 혹은 어린 소년으로서 벌을 받고 있다고 느끼기 때문에 뭔가 잘못된 일을 할 수 밖에 없습니다.

당신이 벌을 받고 있다고 느끼는 것은 진리가 아닙니다. 그런데 그 느낌은 실제적입니다. 느낌은 우리의 몸에 드러난 감정의 에너지입니다. 따라서 느낌이 꼭 사실일 필요는 없습니다.

우리가 느끼는 것은 우리의 "감정적 진리" 입니다. 내적 아이의 나

이로 반응하게 될 때 우리의 느낌은 사실 혹은 진리인 감정적 에너지와 필연적 관계가 아닙니다.

우리가 다섯 살, 아홉 살, 혹은 열네 살 때 가졌던 감정적 진리를 갖고 반응을 한다면, 지금 일어나고 있는 일에 대해 적절하게 대응할 수 없습니다. 그 반응은 우리의 현재 존재가 하는 반응이 아니기 때문입니다.

위장되었거나 왜곡된 태도와 신념을 기초로 이전의 방식으로 반응하게 될 때, 우리는 우리의 느낌을 신뢰할 수 없습니다.

감정의 상처를 가진 아이로 반응하면서 갖는 현재의 느낌은 지금 만나는 사람이나 상황과는 아무런 관계가 없을 수도 있습니다.

건강하고 나이에 맞는 방식으로 매 순간 존재-됨be-ing을 이루려면 우리의 "내적 아이"를 치유해야 합니다. 이 내적 아이는 감정적인 상처, 태도, 이전의 방식으로 무의식적인 삶에 반응하며 실제로 우리 생을 쭉 지배해 왔습니다.

슬퍼하기

내적 아이로 반응하는 것을 멈추는 길은 애도grief work를 통해 유아기부터 누적된 감정적 에너지를 분출하여 상처를 치유하는 것입니다. 감정적 과정을 깨끗하게 하는–진리에 이르는 우리의 내적 통로를 깨끗하게 하는–하나의 효과적이면서도 장기적인 방법은 어린아이 때 당했던 고통의 상처를 슬퍼하는 것입니다. 치유의 과정에서 애도 곧 슬퍼하는 것은 행동 유형과 태도에 결정적인 영향을 줍니다.

우리는 20년 전 혹은 50년 전 어린 아이 때 경험한 아픔, 두려움, 수치, 분노의 에너지를 억압하며 살아갑니다. 상대적으로 풍요로운 가정에서 자랐다 할지라도, 우리가 살아가는 사회가 감정적으로 정직하지 못하고 역기능적이기 때문에, 우리 안에 슬픔의 에너지가 있는 것입니다.

누군가가 "당신의 딱지를 건드리면" 억눌려 저장되었던 슬픈 에너지가 가동하게 됩니다. 새로운 상처들은 우리의 반복된 행동 유형을 통해 원래의 상처에 덧씌워집니다.

우리는 딱지가 건드려질 때 억눌렸던 아픔, 공포, 수치, 분노가 드러나는 것을 두려워합니다. 그 이유는 과거의 수치에 대해 아픔과 고통과 고통의 감정으로 미치도록 과민 반응했던 경험을 알고 있고, 내면의 절망적인 감정으로 인해 깊은 어둠의 함정 속으로 던져져 내면이 무너졌던 경험을 알고 있기 때문입니다.

우리는 어떤 사람, 장소, 사물을 만날 때 기억날 수밖에 없는 상처의 딱지들을 안고 살아갑니다. 이 기억을 통해 우리는 본래 상처를 받았던 상황의 역동을 다시 만들에 냅니다. (예를 들면, 독특한 냄새, 어떤 천의 질감, 특별한 목소리, 이상한 몸짓 등은 우리의 내적 어린아이의 감정을 되살리는 자극제일 수 있습니다.)

저장되고 농축된 슬픔의 에너지가 건강한 애도과정을 통해 분출될 때까지 우리는 감정의 딱지 혹은 가방을 갖고 살아갑니다. 분출되지 않은 슬픔으로 야기된 행동에 대한 사회의 반응은 당신의 명예를 빼앗아 죄명을 붙여 가두어 두거나 마약을 투여하게 했습니다. 이제 이런 식의 게임을 멈추어야 합니다. 우리에게 새로운 도구가 있기 때문입니다. 자연적인 애도과정은 치유의 힘을 담고 있습니다.

내적 아이를 치유하고, 아픈 상처들을 애도함으로써 우리의 행동 패턴을 바꿀 수 있고 감정의 과정을 정화시킬 수 있습니다. 억압된 분노를 지닌 슬픔, 수치, 공포, 내면에 자리한 아픈 느낌을 분출해보십시오.

분출했다고 해서 상처가 완전하게 치유되지는 않습니다. 분출이 되어도 경험했던 아픈 자리로서의 가벼운 흔적은 언제나 거기에 존재합니다. 분출이란 상처의 힘으로부터 벗어날 수 있음을 의미합니다. 에너지를 분출하여 상처를 어둠에서 빛으로 가져옴으로써, 상처가 더 이상 지금 우리의 삶의 방식을 지배할 수 없도록 치유할 수 있습니다. 삶의 질을 극적으로 변화시킬 만큼, 대부분의 시간이 진정으로 행복하고 기쁘며 자유로울 수 있을 만큼 상처를 치유할 수 있습니다.

어릴 적 경험했던 감정적인 "영혼의 어두운 밤"을 찾아가는 용기와 의지를 가짐으로써 우리는 왜 여태까지 충동적으로 살아왔는지 이해할 수 있습니다.

용서

어린 아이였을 때 일어났던 일과 그 일이 어른이 된 현재에 끼친 결과를 인과율적 관계로 이해하기 시작할 때 진정으로 자신을 용서할 수 있습니다. 감정의 차원, 충동의 차원에서 그렇게 행동하는 것 외에 아무것도 할 수 없었던 무력감을 이해할 때, 진정으로 자기 자신을 사랑할 수 있습니다.

자신을 불쌍히 여기는 것이 가장 어려운 일입니다. 어린아이였을 때 우리는 자신에게 일어난 일에 대해 책임감을 느꼈습니다. 일어난 일과 그로 인해서 겪은 아픔에 대해서 자신을 나무랐습니다. 이제 할 수 있는 가장 강력한 일은 우리 안에 아직 남아 있는 어린아이에게 돌아가 "그건 너의 잘못이 아니야. 너는 잘못하지 않았어. 그저 어린아이였을 뿐이야!" 라고 말하는 것입니다.

우리의 목표는 안에 있는 아이에게 그리고 지금의 나에게 정말 감정의 차원에서 "나는 너를 사랑해" 라고 말하는 것입니다.

자신을 용서하고 진정으로 사랑할 수 있을 때, 우리는 비로소 다른 사람을 진정으로 사랑하고 용서할 수 있습니다. 우리를 위해 최선을 다

하는 부모님도 우리가 자신을 용서하고 진정으로 사랑할 수 있을 때에만 사랑할 수 있습니다. 부모님도 변화를 일으킬 수 없습니다. 그 분들도 그저 자신의 상처에 반응하고 있을 뿐이기 때문입니다.

현재의 우리 자신을 진정으로 사랑하기 위해서는 과거의 어린 아이를 품에 안고 존중해야 합니다. 그 유일한 방법은 아이의 경험을 안아주고 그 아이의 감정을 소중하게 여기며 우리에게 아직 남아있는 감정의 슬픈 에너지를 분출하는 것입니다.

느낌을 소중하게 여기기

슬픔은 지성적 과정이 아닙니다. 거짓되고 역기능적인 태도를 바꾸는 것은 중요한 과정입니다. 지성적인 관점을 확대하는 것은 이 과정에 절대적으로 필요합니다. 그러나 이런 일들을 했다고 해서 에너지가 분출되고 상처가 치유되지는 않습니다.

건강한 행동을 학습할 때 그다지 중요하지 않은 관계에서 건강해질 수 있고, 지성적으로 영적인 진리를 인식하게 될 때 얼마간이라도 그 순간을 더 사랑할 수 있습니다. 그러나 상처 딱지가 건드려졌을 때 우리는 가장 중요한 관계에 있고 가장 소중하게 여기는 사람들에게 원치 않는 말과 반응을 하게 됩니다. 진정 감정의 상처를 다루지 않고는 행동 유형을 바꿀 수 없습니다.

감정을 존중하고 소중하게 여길 때, 영적인 진리나 건강한 행동에 대한 지성적 지식의 변화를 가져오는 삶의 경험으로 통합할 수 있습니다. 감정적으로 정직하지 않고는 건강한 행동을 일상의 삶으로 통합할 수 없습니다. 느낌을 경험하지 않고는 수치를 제거할 수 없고 감정의 친밀감에 대한 두려움을 극복할 수 없습니다.

무대 주위를 돌면서 "우리 모두는 하나입니다." "신은 사랑이십니다." "나는 저들 모두를 용서합니다."라고 말했다고 해서 미움의 에너지가 분출되지 않습니다. 개선요법이나 공정한 판단 혹은 다시 태어났다고 해서 상처가 치유되지 않습니다. 이런 것들은 근본적으로 행동을 변화시킬 수 없습니다.

우리 모두는 하나이고 신은 사랑이십니다. 개선요법은 힘이 있고 공정한 판단은 가치가 있습니다. 그렇다고 해서 지성과 감정을 혼돈하지 마십시오. 누군가를 지성적으로 용서했다고 해서 분노와 아픔의 에너지가 사라지지는 않습니다. 그러므로 머리라는 도구를 사용하여 과정을 피해가는 우를 범하지 마십시오.

손쉬운 해결책이란 없습니다. 과정을 이해했다고 해서 그 과정을 통과한 것이 아닙니다. 만병통치약이나 모든 해답을 담은 마술 책은 존재하지 않습니다. 내적 여정과 느낌의 여정을 피하게 할 수 있는 영적 스승이나 지름길도 없습니다.

(진정으로 영적인) 자기 외에는 누구도 마법처럼 자신을 치유할 수 없습니다.

외계인이 우주선을 타고 내려와 착륙하며 "너의 마음의 빛을 켜봐" 라고 노래한다고 해서 우리 모두가 마법처럼 치유될 수는 없습니다.

당신의 마음의 빛을 켤 수 있는 유일한 사람은 바로 당신 자신입니다.

당신의 내적 아이를 건강히 길러낼 수 있는 유일한 사람은 바로 당신 자신입니다.

당신을 치유할 수 있는 유일한 치유 자는 바로 당신 안에 있습니다.

분별

이제 우리 모두는 삶의 모든 과정을 돌아보아야 합니다. 우리에게 안내와 도움이 필요합니다. 치유를 위해 도움을 요청하십시오. 치유의 과정에서 도움을 요청하는 일은 아주 중요합니다.

분별을 배우는 일 또한 치유의 과정에서 정말 중요합니다. 배반, 분출, 수치, 학대를 일삼지 않고 당신에게 도움을 줄 수 있는 사람에게 도움과 지도를 요청하십시오. 진정한 친구는 당신을 학대하거나 배반하지 않을 것입니다. 진정한 상담자와 치료사는 당신을 판단하거나 수치를 느끼게 하지 않으며 그들의 문제를 당신에게 전이시키지도 않을 것입니다.

[나는 오늘날 사람들의 관심을 끌고 있는 "거짓 기억들"의 사례가 실제로는 감정적 근친상간의 사례들이라고 생각합니다. 이런 사례들이 우리 사회에 넘쳐나고 있어 건전한 성 관계를 황폐화시키고 있습니다. 자신의 감정적 근친상간과 성적 학대를 치유하지 않은 상담자들이 내담자에게 자신들의 상처를 전이시키고 있습니다.]

자신의 슬픈 감정을 치유하지 않은 사람이 당신의 슬픔을 해결해줄 수 없습니다. 「내적 아이 교정하기」라는 교육방송 프로그램에서 존 브래드쇼John Bradshaw는 "그 길을 통과해보지 않은 사람은 당신에게 그 길을 통과하도록 안내할 수 없다"고 말한 바 있습니다.

우리는 누구를 신뢰할 것인가라는 선택의 문제뿐 아니라 관점과 태도를 위해서도 분별을 배우는 것이 중요합니다.

우리는 어린 아이로서 삶에 대해 배웠습니다. 따라서 이미 굳어진 삶의 희생자가 되는 것을 멈추기 위해서는 삶을 지성적으로 보는 방식으로 바꾸어야 합니다. 우리의 태도, 정의, 관점을 바라보고 의식함으로써 우리는 우리에게 효과가 있는 것과 효과가 없는 것을 분별할 수 있습니다. 따라서 우리는 삶에 대한 지성적 관점이 효력을 발휘하게 할 수 있지만, 삶의 본래 모습과 다른 것을 기대할 경우는 그 희생자가 될 수도 있습니다.

동반 의존의 기본 특징 가운데 하나는 극단적인 흑백 사유입니다. 선이냐 악이냐, 옳은가 그른가, 사랑할까 버릴까, 하나냐 열이냐 라는 철저한 극단의 사유입니다. 동반 의존은 어떤 회색지대도 허용하지 않습니다. 흑 아니면 백입니다.

그러나 삶은 흑백이 아닙니다. 삶은 흑과 백의 상호 교류입니다. 달리 말하면 회색 지대가 삶이 일어나는 지대입니다. 삶이란 흑과 백이 아님을 인식하면서 2에서 9까지의 숫자들을 배우는 과정에서 치유가 일어납니다.

삶은 실패할 때 벌을 받게 되는 시험이 아닙니다. 우리는 노여워하는 신의 벌을 받기 위해 이 땅에 태어난 것이 아닙니다. "옳은 일"을 해야 구원을 얻는 비극적 함정에 빠진 존재도 아닙니다.

우리는 인간의 경험을 가진 영적 존재들입니다. 우리는 배워야 합니다. 이 땅에서 생명의 과정을 거쳐야 하고 감정을 느껴야 합니다.

억압적인 사유를 통해 옳고 그름을 분별하면서 자신을 고문하는 대신 자기 앞에 놓인 것을 정직하게 느끼도록 허용할 때 감정이 치유

됩니다.

옳고 그름을 결정하는 지성적 가치 체계와 태도는 우리의 것이 아닙니다. 우리는 어린 아이로서 잠재의식과 감정의 차원에서 부과된 가치들을 자신의 존재로 받아들였습니다. 이 때 받아들인 태도와 신념을 어른이 되어 지성적으로 처리했음에도 불구하고 여전히 이 태도와 신념은 감정의 세계에 자리하고 있습니다. 이들을 극복했다고 하지만 실제로 우리는 어린 아이 때 받아들였던 태도와 신념을 갖고 감정적인 반응을 하며 살아갑니다.

이제 내적 아이로서 반응하며 힘을 빼앗긴 채 자기 자신을 희생양으로 삼는 것을 멈추어야 합니다. 자신을 신뢰하고 사랑하기를 배워야 합니다. 이를 위해서 우리에게 분별이 필요합니다.

분별을 위해서 감정적 에너지를 볼 수 있는 눈, 들을 수 있는 귀, 느낄 수 있는 감정에 정직하십시오.

느끼고 싶지 않거나 느낄 수 없는 감정의 상처와 잠재의식적 태도에 반응한다면 분명하게 보고 들을 수 없습니다.

신뢰할 수 없는 사람들이 심어준 것에 따라 자신을 희생양으로 삼는 한 자신을 사랑할 수 없습니다. 자신을 무가치하며 부끄러운 것이라고 몰아가는 태도와 감정을 분출하십시오. 이 때 우리는 비로소 자신을 사랑하고 자신의 욕구를 충족시킬 수 있습니다. 분별이 없이는 자신을 사랑할 수 없습니다.

비유로 표현한다면 동반 의존에 기초한 흑백사유는 목욕한 더러운 물에 아이를 계속 담가두든지 아니면 아이와 물을 함께 버리는 것과 같습니다. 이 때 분별은 더러워진 목욕물에서 아이를 꺼내는 것과 같습니다.

우리는 누구를 신뢰하며 누구를 믿을 것인가를 건강하게 선택함으로써 자신을 신뢰하고 사랑할 수 있습니다. 진리에 기초하여 왜곡, 거짓된 신념, 거짓을 던져버릴 수 있습니다. 감정을 치유하고 역기능적 태도를 바꿈으로써 책임적인 삶을 살 수 있습니다. 말하자면 우리는 매순간 삶에 정직하게 응답할 수 있습니다.

상처를 치유하고, 감정의 과정을 정직하고 선명하게 할 때 비로소 분별이 가능합니다. 상처를 치유하지 않고 감정의 과정을 정직하고 깨끗하게 하지 않는다면 현재의 삶에 반응할 수 없습니다. 다만 오래된 슬픔과 삶의 방식에 기초해 반응할 뿐입니다.

신뢰

우리가 오래된 슬픔과 기억에 기초해 반응한다면 우리가 느끼는 감정은 정확한 것이 아닙니다. 물론 예외는 있습니다. 예컨대 죽느냐 사느냐의 상황이거나 큰 위기에서 때로 진리에 직관적으로 직접 다가갈 수 있습니다. 이런 이유에서 많은 사람들은 스스로 이런 상황을 직면하거나 삶의 위기를 만들어 냅니다. 이때가 바로 자신을 신뢰할 수 있는 때입니다.

회복이란 자신을 신뢰하기를 배우는 과정입니다. 동반 의존은 자신을 신뢰하지 않기 때문에 생겨난 것입니다.

감정적 방어체계인 동반 의존은 자신과 삶의 과정을 신뢰하는 것이 안전하지 않다는 신념을 강화하기 위해서 익숙해진 패턴을 계속 반복합니다.

동반 의존은 자신을 보호하기 위한 것입니다. 어린 아이로서 자신의 느낌, 감각, 인지를 신뢰하지 않았기 때문에 우리의 자아는 신뢰하는 것이 결코 안전하지 않다고 단정하였습니다.

동반 의존은 아이의 생존의 필요를 충족시키기 위해 자아가 채택한 감정적 행동의 방어체계입니다. 자아를 다시 구성하고 (슬퍼하는 것을 허용하는 문화, 훈련, 입단식, 건강한 역할 모델 등) 상처 난 감정을 치유할 도구가 없기 때문에,

그 결과 어른이 된 우리는 유아기에 구성된 자아로 반응하기를 계속하며 감정적, 정신적, 영적 혹은 신체적 필요를 충족시키지 못합니다. 동반 의존은 우리를 신체적으로는 생존하게 하지만 내적으로는 공허하고 죽은 것처럼 느끼게 합니다. 동반 의존은 우리 자신이 상처를 입었다고 느끼게 하는 방어기제입니다.

어떤 사람들은 처음 회복기에 들어선 다음 치유의 여정을 시작할 때 자신의 방어기제를 해제하고 모든 사람을 신뢰하기를 배워야 한다고 생각합니다. 그러나 이것은 잘못된 생각이고 아주 역기능적인 신념입니다. 역기능적 방어체계들을 내려놓는 것이 필요하지만 이들을 내려놓은 다음에는 순기능적인 방어체계들로 채워주어야 합니다. 우리는 자신을 보호할 수 있는 방어체계가 필요합니다. 우리의 주변은 여전히 신뢰하는 것이 안전하지 않은 상처 입은 어른아이들로 가득합니다.

질병인 방어기제 안에서 스스로를 보호하기 위해서 우리는 거대한 벽을 쌓은 다음, 학대, 분출, 배반, 박탈의 유형을 반복하게 하는 누군가를 만나는 순간, 도개교(들어 올릴 수 있는 다리)를 내려 이들을 초대합니다. 동반 의존에 묶인 우리는 우리를 끌어당기는 레이더 체계에 잡힌 것입니다. 개인적으로 우리에게 가장 가치 없는 (도움이 되지 않거나, 질식시키거나, 폭력적이거나, 패턴을 반복하게 만드는) 사람들이 바로 우리의 아픈 상처를 건드립니다.

이런 일이 일어나는 것은 이 사람들과 친하다고 느끼기 때문입니다. 불행하게도 유아기 시절 우리가 가장 신뢰했던 사람들 곧 가장 친했던 사람들이 우리에게 가장 큰 상처를 줍니다. 그 결과 우리는 우리의 패턴을 반복하고 자신이나 다른 사람들을 신뢰하는 것이 안전하지 않다고 생각합니다.

치유의 과정에 들어서고 보면, 유아기 때 받은 감정의 상처와 태도로 반응하게 될 때, 신뢰가 안전하지 않음을 봅니다. 그러나 우리가 회복을 시작할 때, 영적인 차원에서 이처럼 반복되는 행동 패턴은 오히려 유아기적 상처를 치유할 수 있는 기회가 됨을 알 수 있습니다.

회복의 과정은 장벽을 내려놓고 – 건강한 경계가 무엇이고 그 경계를 어떻게 세우며 어떻게 방어할지를 배움으로써 – 건강한 방법으로 자신을 보호합니다. 무엇을 선택할지 분별하며, 필요를 구하고, 필요를 충족시킵니다. (따라서 먼저 필요한 것을 소유하는 것이 괜찮다는 획기적인 생각을 가져야 합니다.)

회복은 생존하는 것을 넘어 건강하고 충만한 삶을 살기 위해, 자아의 방어들을 재설정하기 위해, 이전 삶의 여정에 무의식적으로 반응하는 대신 자신의 신념과 가치에 대해 스스로 선택할 수 있는 힘을 가질 수 있기 위해, 역기능적 반응을 야기 시키는 잠재의식 안의 신념이나 태도를 의식으로 불러내는 것과 관계합니다. 회복은 의식화 과정입니다. 곧 회복이란 역기능적인 태도와 신념을 잠재의식의 어둠으로부터 의식의 빛으로 불러내는 깨달음(빛으로 가져오기, en-light-en-ment) 입니다.

감정의 차원에서 회복의 춤은 우리를 움직이는 아픔, 격노, 공포, 수치와 같은 슬픔의 에너지를 분출할 수 있도록 감정의 상처들을 품고 존중해주는 것입니다.

수치는 우리의 것이 아닌 독poison입니다. 결코 우리의 것이 아니었습니다. 우리는 수치스러운 일을 한 일이 없습니다. 그저 작은 아이들이었습니다. 부모님과 조부모님이 상처를 입고 수치를 느꼈을 때 그들 역시 작은 아이였듯이 말입니다. 인간은 세대에서 세대로 수치를 물려받습니다.

여기서 책임질 일은 없습니다. 나쁜 아이도 없습니다. 다만 상처 입은 영혼들, 멍든 마음들, 뭉개진 생각들만이 있을 뿐입니다.

동반 의존은 우리의 멍든 마음, 감정의 상처, 뭉개진 생각, 잠재의식에 자리 잡았기 때문에, 우리 자신과 자기와 내적 아이를 버립니다. 그러나 기억하십시오. 여기 버려진 내적 아이가 바로 더 높은 자기에 이르는 통로입니다.

우리를 배반하고 버리고 학대한 이는 우리 자신입니다. 거기서 동반 의존이라는 감정의 방어체계가 작동합니다.

동반 의존의 외침은 "나는 너에게 보여줄 거야. 나는 너를 차지할거야" 입니다.

내적 전쟁

동반 의존의 역기능적 춤은 자신과의 전쟁 곧 내면의 전쟁에서 비롯됩니다.

우리는 인간됨에 대해 스스로 판단하고 부끄러워하기 때문에 우리 자신과 전쟁 중에 있습니다. 공포를 느끼게 한 슬픔의 에너지를 억누른 채 살아가기 때문에 자신과 전쟁을 하고 있습니다. 자신의 감정의 과정을 "막고" 아이로서 감정적으로 정직하지 못하도록 감정의 에너지를 차단하고 왜곡하는 방법을 배우느라 우리는 내적 전쟁을 치루고 있는 것입니다.

인간됨에 대해 스스로 자책하는 것과 부끄럽게 여기는 것을 멈추고, 자신의 감정의 과정과 싸움을 멈추어, 스스로와의 전쟁을 멈추어 보십시오. 그러면 비로소 자신을 사랑할 수 있고 자신과 평화로울 수 있습니다.

전쟁 중에 있는 군인들은 생존을 위해 감정을 부정합니다. 감정의 부정으로 군인들이 전쟁에서 살아남지만 이후 지연된 의식이 황폐함을 가져옵니다. 의료 전문인들은 이 감정의 부정이 야기한 외상과 상처를 스트레스 지연 증후군Delayed Stress Syndrome이라 표현하였습니다.

전쟁 중에 있는 군인들은 친구들이 죽고 불구가 되는 것을 보고 다른 인간을 죽이는 것을 보면서 누군가가 자신을 죽이려는 것을 느끼지만, 이런 감정들을 부정합니다. 사건 자체가 주는 외상이 있습니다. 예컨대 사건이 주는 감정의 충격을 거부하는데서 받게 되는 외상이 있습니다. 전쟁에서 돌아온 후 자신의 감정의 외상을 부정하고 있다면 이는 자신의 일부를 부정하고 있는 것입니다. 이 감정의 부정이 자신의 삶에 미친 결과로서 외상이 따릅니다.

외상으로 인한 스트레스와 자기를 부정함으로써 외상을 부정한 결과, 염려, 알코올 중독, 마약 중독, 불면증, 통제 불가능한 격노, 관계를 지속할 수 없음, 일자리를 지탱할 수 없음, 자살 등의 새로운 외상들이 나타납니다.

동반 의존은 스트레스 지연 증후군입니다.

(어떤 사람들은 말 그대로 피와 죽음을 경험하지만) 피와 죽음 대신에 어린 아이인 우리에게 일어난 것은 영적인 죽음이었고, 감정의 마비였으며, 정신적 고문과 신체적 학대였습니다. 우리는 집에서 일어나고 있었던 일의 실재를 부정하도록 강요당했습니다. 경험하고 보고 감각하는 것에 대한 느낌을 부정하도록 강요당했습니다. 자기self를 부정하도록 강요받았습니다.

우리는 자라면서 감정의 실재를 부정해야 했습니다. 예컨대 부모의 알코올 중독, 중독, 정신병, 격노, 폭력, 우울, 유기, 배반, 박탈, 무관심,

근친상간, 싸우고 있는 부모 혹은 정확한 이유를 설명하지 않고 싸웠기 때문에 가정에 흐르는 긴장과 분노에 대해, 알코올 중독으로 인한 아버지의 무관심, 어머니라는 일 외에 다른 일을 갖지 못한 어머니의 숨 막힐 것 같은 간섭, 자신을 방어하지 못한 아버지나 어머니의 상호학대 혹은 우리를 보호해 주지 못한 어머니나 아버지로부터 받은 학대, 한 부모 혹은 함께 살지만 함께해서는 안 되는 부모로 인해서 받은 감정의 실재를 부정해야 했습니다.

우리는 다음과 같은 소리를 들으며 자랐습니다. "아이들은 부모에게 말대꾸해서는 안 된다. 다 큰 소년은 울어서는 안 되고, 작은 숙녀는 화를 내서는 안 된다. 사랑하는 사람에게 화를 내서는 안 된다. 특별히 부모님께 화를 내서는 안 된다. 신은 너를 사랑하지만 만일 너의 수치스러운 부분을 건드린다면 영원히 불이 타는 지옥에 던져질 것이다. 그러니 실수나 잘못된 일을 하지 말아라."

전쟁 중에 태어난 우리의 자기감이 매를 맞아 골절되어 산산이 부서졌습니다. 전쟁터에서 자라면서 우리의 존재가 무시를 당하고, 인지는 발달하지 못했으며, 느낌은 간과되고 팽개쳐졌습니다.

우리는 전쟁 중에 태어나 전쟁터에서 자랐습니다. 전쟁은 "적"이 분명한 다른 나라와의 사이에서 일어난 것이 아니라, 우리가 사랑했던 가정, 곧 우리를 돌봐 줄 것이라고 믿었던 부모님과 더불어 안전한 안식처가 되어야 할 "가정"에서 일어났습니다. 이 전쟁은 일이년이 아니고

16년 혹은 17년 동안 계속된 전쟁이었습니다.

우리의 가정이 전쟁터가 된 것은 부모님이 잘못되었거나 나빠서가 아니었습니다. 그것은 그들이 전쟁 중에 태어나 내적으로 전쟁 중에 있었기 때문입니다. 감정적인 치유를 얻게 되면 우리 부모님들이 경험해 보지 못했던 정직한 역할 모델을 우리가 감당할 수 있을 것입니다. 이제 회복을 통해 지난 수 천 년 동안 인간을 지배해온 자기 파괴적 행동의 순환을 떨쳐버리도록 합시다.

동반 의존은 스트레스 지연 증후군의 악순환적인 강력한 형태입니다. 가정에서 안전하지 않다고 느꼈던 외상이 있다면, 우리가 어디를 가든 안전하다고 느끼기가 어렵습니다. 우리는 부모님께 사랑받을 수 없다고 느꼈기 때문에 그 결과 누군가 우리를 사랑할 수 없다고 생각합니다.

동반 의존은 우리 자신을 신뢰할 수도 없고 사랑할 수도 없게 하는 우리 자신과의 전쟁입니다. 동반 의존은 우리 자신의 일부를 부정하여 우리가 누구인지를 알지 못하게 합니다.

동반 의존의 병에서 회복하는 일은 내 안의 전쟁을 멈추어 자신의 진정한 자기와 만나는 것이며 자기 자신을 사랑하고 신뢰하기를 시작하는 것입니다.

관점

우리가 누구인지를 알기 위해서 우리는 감정적으로 스스로에게 정직해야 합니다. 감정적으로 스스로에게 정직하기 위해서 감정의 과정에 대한 관점을 바꾸어야 합니다.

어릴 적 나는 유일한 감정이란 분노뿐이었던 아버지를 역할모델로 삼았습니다. 사랑하는 사람에게 화를 내서는 안 된다는 사랑에 대한 정의를 갖고 있었던 어머니로부터 나는 사랑하는 사람에게 화를 내는 것은 옳지 않다고 배웠습니다. 이런 관계 때문에 나는 뭔가를 느끼며 살 수 없었습니다. 이 말은 느낌이 없었다는 뜻이 아니라 나의 감정과 전쟁을 했다는 뜻입니다. 나는 감정을 갖되 정직할 수 없었습니다. 감정적으로 정직할 수 없었기 때문에 나는 내가 누구인지 알 수가 없었습니다. 어릴 적 슬픔과 분노를 갖기 시작했지만 나는 계속해서 슬픔과 상처와 두려움을 부정했습니다. 이런 이유 때문에 자신에게 정직할 수 없었고 내가 진정으로 누구인지를 알 수 없었습니다.

내가 누구였는지, 어떤 감정은 괜찮았는지에 대한 나의 관점을 바꾸기 전까지 나는 자신을 사랑하거나 신뢰할 수 없었고 내 안에서 평화를 발견할 수도 없었습니다.

나의 관점을 확장시킨다는 것은 내가 누구며 어떻게 일을 하는지와 관계해서 나의 유아기적 정의를 바꾸는 것을 의미했습니다. 회복을 위해서 나는 내가 구축한 정의와 관점 대부분을 모두 바꿔야 했습니다. 이는 내 자신을 사랑하는 법을 학습하는 첫걸음이었고 유일한 길이었습니다.

나는 신이 벌주는 분이며 내 존재는 가치가 없고 벌을 받아 마땅하다고 배웠기 때문에 내 삶의 대부분은 벌을 받고 있는 중이라고 느끼면서 시간을 허비했습니다. 십대 후반에는 의식적이고 지성적인 차원에서 신과 삶에 대한 신념조차 버렸습니다. 그러나 회복의 과정에 들어섰을 때 나는 아직도 이 신념에 기초하여 삶에 감정적으로 반응하고 있음을 발견하고 두려워 했습니다.

나는 어른으로서가 아니라 아이로서 배웠던 신념이 나의 인생관을 결정하였다는 사실을 깨달았습니다. 이 관점은 나의 감정적 진리를 만들어 삶이 나를 벌하고 있고, 나는 결코 선하지 않으며, 나에게 뭔가 잘못되고 있다고 느끼게 했습니다. 나는 인생의 희생자이며, 나 자신의 희생자라고 느꼈습니다. 동시에 내가 행복하지 않은 것은 다른 사람 때문이라고 느꼈습니다.

나는 불완전한 인간이었음에도 불구하고 나를 사랑할 수 있는 더 높은 힘의 개념을 찾아 나서야 했습니다. 창조주께서 나를 심판한다면, 나는 왜 스스로를 심판할 수 없을까요? 신이 나를 무조건적으로 사랑한다면, 나는 왜 스스로를 사랑할 수 없을까요? 신/위대한 영/보편적 힘이 진정으로 나를 사랑한다면, 나는 왜 모든 것을 궁극적으로 사랑할 수 없을까요?

내면의 깊은 곳에서 진리를 느끼고 기억하며, 삶의 모든 단편들이 완벽하게 조합되어 있고 우연이나 우연의 일치 혹은 실수 같은 것은 없다고 믿고 신뢰할 수 있을 때, 우리는 더욱 자신과 이웃을 받아들이고 사랑할 수 있습니다. 더 나아가 일의 과정, 자신, 자신의 더 높은 능력을 신뢰할 수 있습니다.

나는 때때로 실수를 하고 삶이 벌을 받고 있다는 느낌이 있음에도 불구하고, 이런 느낌은 진리가 아니라는 것을 깨닫게 되었습니다. 나의 잠재의식에 자리한 인생관, 아이로서 나에게 부여한 삶의 정의, 아이로서 경험했던 감정적 외상 때문에 내가 받아들였던 잠재의식적 태도들이 나의 감정적 진리를 지배하고 있음을 인식하게 되었습니다.

관점은 회복에 이르는 열쇠입니다. 우리는 자신, 감정, 다른 사람들, 신, 이 땅에서의 일에 대한 관점을 바꾸고 확대해야 합니다. 우리의 인생관이 삶의 관계를 지배합니다. 우리가 역기능적 삶의 관계를 갖게 된 것은 우리가 누구며 왜 여기에 있는지에 대한 역기능적 삶의 관점과 정의를 갖고 있기 때문입니다.

이는 마치 세 장님이 코끼리를 만진 옛 이야기와 같습니다. 장님 각자가 자신의 입장에서 진리를 말했지만, 온전한 것은 아니었습니다. 인간인 우리는 삶에 대해 온전한 관점을 갖고 있지 않습니다. 온전하지 않은 인간의 관계가 바로 동반 의존입니다.

자기-판단을 멈추고 중독이라는 수치를 버리고 싶다면 보다 큰 관점을 의식하십시오. 전능하고 무제약적으로 사랑이 넘치는 거대한 힘, 보편적인 힘이 있음을 믿기 시작할 때, 삶을 더 풍요로우면서도 쉽게 즐길 수 있습니다. 이때 우리는 "우연"과 "우연의 일치"가 기적임을 볼 수 있습니다. "실수"가 성장을 위한 기회임을 볼 수 있습니다.

믿음

나는 어떤 인간도 믿음이 작용하는 방식을 완전히 이해할 수 없으며 전체 의문을 파악할 수 없다고 생각합니다. 그렇지만 어느 정도의 믿음을 갖고 삶을 보면, 우리는 삶의 부분들이 서로 완벽하게 엮어져 있고, 신의 목적에 따라 사랑의 보편적 힘a Loving Universal Force이 온전하게 전개될 것이란 것을 기억해낼 수 있습니다. (내가 여기서 하고자 하는 것은 당신이 이미 알고 있는 바를 당신께 상기시켜주는 것입니다.) 또한 우리는 인간의 경험을 하기 위해 지구에 도래한 보편적 힘의 일부이자 영적 존재라는 것을 기억해 낼 수 있습니다.

우리는 의도적으로 이 믿음을 갖고서, 우리의 관점을 변화시키며, 진리를 기억할 필요가 있습니다.

우리 주변에 진리가 있습니다. 욕조에서 아기를 건져내기를 시작하십시오. 의지와 감정적 에너지를 느끼고 신뢰함으로 영혼으로부터 오는 진리와 소통을 시작하십시오. 그러면 도처에서 메시지들을 발견할 수 있습니다. 영적인 감각을 지닌 스승들, 종교들, 철학들, 신화들, 우화들, 심지어는 만화책의 가르침 속에도 진리가 있습니다.

머리로 어떤 일을 분별하는 대신 신체로 감정적 메시지들을 의식하기 시작하면서 나는 내가 받은 가르침을 따라 선택할 수밖에 없었습니다. 나는 충동에 따라 읽을 책들을 선택하고, 마음이 가는대로 대화를 하거나 토론회에 참석할 수 있었습니다. 저자, 토론회, 특정 치료 요법, 영매, 회합, 영화, 느낌의 차원을 사로잡는 어떤 것에 주목한 짧은 순간, 서 너 차례 우주가 다른 자료들을 통해 나에게 메시지를 보내고 있음을 깨닫게 되었습니다.

메시지를 듣고 보았을 때, 그리고 그에 따라 행동을 했을 때, 나는 내 주변에 있는 진리를 발견할 수 있었습니다. 회복의 과정에서 내 의식 안에서 특별히 중요한 것으로 나를 인도했던 책들이 있습니다. 내게 큰 의미를 주었던 이 책들 중에 나오는 한 이야기를 잠시 인용해보겠습니다. 제이미 샘스Jamie Sams와 데이비드 카슨David Carson이 쓴 『의학 카드Medicine Cards』에 나오는 이야기입니다. 이 책은 의학 상징Medicine Wheel과 북미 원주민 부족이 지녔던 의학 상징의 영적인 신념체계를 담은 토템 동물들을 내용으로 하고 있습니다.

이야기의 내용은 백조 토템 곧 백조의 힘에 대한 것입니다.

백조가 성산 위 높은 곳에서 주변을 바라보다가 이전에 한 번도 본 적이 없는 거대한 블랙홀의 소용돌이를 보게 되었습니다. 잠자리가 옆으로 날아가자 백조는 그를 멈춰 세우고 블랙홀에 대해 물어보았습니다. 그러자 잠자리가 말했습니다. "백조, 저것은 상상의 세계로 통하는 출입문이야. 나는 여러 별들로 향하는 환상의 안내자였지. 네가 거기에 들어가기를 원한다면 허락을 받아야 해."

백조는 블랙홀에 들어가고 싶은지 아직 확신하지 못한 가운데 잠자리에게 다시 물었습니다. "저길 들어가려면 무엇을 해야 해?" 잠자리가 대답했습니다. "너는 어떤 미래가 주어지든 위대한 영의 계획을 바꾸려 하지 말고 받아들일 각오를 해야 해." 백조는 미운 오리 새끼인 자신의 몸을 바라보고 이렇게 대답했습니다. "위대한 영의 계획에 따라 살수 있다면 행복할거야. 나는 블랙홀의 흐름에 맞서지 않을 거야. 나는 소용돌이의 흐름에 몸을 맡기고 나에게 일어나는 일을 신뢰할 거야." 잠자리는 백조의 대답에 흡족해 하며 연못의 환상에 들어가도록 마법을 걸었습니다. 그러자 백조는 갑자기 연못 한 가운데 소용돌이 속으로 빨려 들어갔습니다.

여러 날이 지난 후 백조는 희고 목이 긴 우아한 모습으로 나타났습니다. 잠자리는 눈부시게 아름다운 백조를 보고 놀라 뒤로 넘어갈 뻔 했습니다. "백조야 너에게 무슨 일이 일어난 거야?" 백조가 웃음을 띤 채

대답했습니다. "잠자리야, 나는 위대한 영의 힘에게 내 몸을 맡기는 것을 배웠지. 그리고 미래로 안내되었어. 나는 聖山 위에서 많은 경이로운 것들을 보았어. 나의 믿음과 수용 때문에 변화를 경험하였지. 난 은총의 상태를 받아들이는 것을 배웠어."

"은총의 상태"란 어떤 조건에 얽매이지 않고 무제약적으로 창조자에 의해 사랑을 받은 조건입니다. 우리는 위대한 영에 의해 무제약적으로 사랑을 받고 있습니다. 우리는 그 은총의 상태를 수용하는 것을 배워야 합니다.

그것은 우리가 사랑받을 수 없다고 우리에게 말하고 있는 태도들과 신념들을 바꾸는 것입니다. 그러기 위해서 우리는 블랙홀을 통과해야 합니다. 우리가 통과해 들어가 내려놓아야 할 블랙홀은 슬픔의 블랙홀입니다. 우리의 느낌 안으로 들어가 느낌을 통과하는 여정은 우리가 사랑을 받았으며 사랑받을 만하다는 것을 경험하는 여정입니다.

의지와 수용을 통해서, 포기와 신뢰와 믿음을 통해서, 우리는 진정 은총의 상태에 다다를 수 있습니다.

우리 모두는 은총의 상태 안에, 무제약적으로 사랑을 받은 조건 안에 존재하는 아름다운 백조들입니다. 회복의 춤이란 우리의 삶 안에 은총의 진리를 받아들여 통합하기를 배우는 과정입니다.

치유와 기쁨의 시대는 통합과 균형을 목표로 합니다. 영적인 진리를 우리의 신체적 경험에 통합함으로써 우리는 내면의 공허를 채우고 내면에서 전체성을 찾을 수 있습니다. 우리가 참된 영적인 본성을 신체적 존재와의 관계 속으로 통합하게 될 때, 우리 존재의 각 부분과 또 각 부분들 사이에 어느 정도의 균형과 조화가 생기기 시작합니다.

치유와 기쁨의 시기는 성장과 배움의 시간이고, 근원 에너지의 참된 본성을 의식하는 시간이며, 영적 각성의 시간입니다. 우리는 사랑이 넘치는 보편적인 힘의 진리를 일상의 삶의 경험에 통합하는 능력과 도구를 선물로 받았습니다. 우리는 이제 자신, 신, 이웃, 지구와의 관계에서 어느 정도의 균형을 갖는데 필요한 지식과 안내를 갖고 있기에 우리의 삶의 여정에 평화와 사랑을 경험할 수 있습니다.

우리는 삶의 인내와 고통의 춤에서 기쁨의 춤으로 바꿀 만큼 상처난 영혼들을 치유할 수 있게 되었습니다. 이제 동반 의존의 춤을 치유와 기쁨의 춤으로 바꿀 능력을 갖게 되었습니다.

제3장

인간의 조건

동반 의존의 춤은 우리의 필요를 채워줄 수 없는 관계 곧 역기능적 관계의 춤입니다. 이 말은 동반 의존의 춤이 사랑하는 관계나 가족 관계 혹은 전체적인 인간관계를 넘어 선다는 의미입니다.

사랑하는 관계, 가족 관계, 인간관계에 역기능이 존재한다는 사실은 우리가 생명 곧 인간됨과 관계하는데 있어서 역기능의 증상이 있음을 뜻합니다. 곧 우리가 인간으로서 우리 자신과 관계할 때 역기능의 증상이 있습니다.

우리 자신과 관계할 때 존재하는 관계의 역기능은 영적 불-편함, 우주와 균형과 조화를 이루지 못함, 우리의 영적 근거와 단절되었다는 느낌의 증상입니다.

때문에 우리의 시각을 넓혀야 합니다. 문제를 안고 있는 사랑의 관계 너머를 보고 다른 사람과의 관계에서 존재하는 역기능 너머의 세계를 보아야 합니다.

시각이 넓어질 때 증상 뿐 아니라 그 원인까지 볼 수 있습니다. 예를 들면 우리가 인간으로서 우리 자신과의 관계 안에 있는 역기능을 살펴 볼수록 사랑의 관계 안에 있는 역기능을 더욱 잘 이해할 수 있습니다.

앞서 보았듯이 우리의 인생관이 삶의 관계를 지배합니다. 이는 모든 유형의 관계에 해당됩니다. 신에 대한 우리의 시각이 신과의 관계를 지배합니다. 남자란 무엇인가 여자란 무엇인가라는 시각이 남성과 여성으로서 우리 스스로를 대하는 우리의 관계를 지배하며 다른 남성이나 여성과의 관계를 지배합니다. 감정의 시각이 우리 자신의 감정적 과정과의 관계를 지배합니다.

성장을 위해서 우리는 시각을 바꾸어야 합니다. 시각을 확장하는 과정은 때로 아주 복잡합니다. 시각을 확장함으로써 우리는 이해할 수 없는 것처럼 보이는 것을 단순하고 이해 가능한 것으로 바꾸어 놓을 수 있습니다.

단순한 공식

이제 복잡한 현상을 설명하는데 도움이 되는 단순한 공식을 제시해보겠습니다. 나의 이해에 따르면, 이는 단순하고, 기초적이며, 근본적인 인간의 조건의 원인입니다.

동반 의존의 원인, 인간의 경험 안에 존재하는 역기능은 (이후 논의하게 될 특정한 지구적 조건들 때문에) 퇴행적으로 인식하고 행동해온 인간 때문이었습니다. 우리는 인생 경험에 대한 시각과 관계의 상호 역동에서 잘못된 방향을 갖고 있었습니다. 오늘날 세계가 뒤죽박죽이 된 것은 인간의 일을 퇴행적으로 인식해왔기 때문입니다.

이제 우리에게 "방향 전환"이 필요합니다. "방향 전환" 은 우리가 어떤 존재인가에 대한 기본적 전제에서 시작합니다. 우리는 영적 존재가 될 수 있는 권리를 수여받아야 하는 약하고 죄로 가득한 수치스런 인간이 아닙니다. 우리는 인간의 경험을 가진 영적 존재들입니다. 이것은 180도 관점의 전환이며 모든 것을 바꾸어 놓습니다.

존 레논John Lennon이 말한 대로, 이 지식에 기초한 세상을 "상상해보십시오."

인간됨에 대해 뭔가 본래적으로 잘못되었거나 수치스러운 것이 있다는 신념이 문명사회 모든 곳에 퍼져있고, 구석구석에 닿아 있습니다.

인간됨은 수치스러운 것도 아니고 나쁜 것도 아닙니다.

우리는 교만한 어떤 인간이 수천 년 전 낙원에서 행한 일로 벌을 받고 있는 것이 아닙니다.

우리는 몇몇 천사들이 수염달린 신에게 대들었기 때문에 벌을 받고 있는 것이 아닙니다.

우리는 몇몇 뉴에이지 심리학과 영매들이 주장하듯, 혹은 우리 조상들이 낮은 진동 주파에 잡힌 결과 과도히 성을 즐기거나 동물들을 낳았기 때문에 벌을 받고 있는 것이 아닙니다.

이것은 모두 쓰레기 같은 얘기들입니다.

이런 이야기들은 모두 꼬이고 왜곡되어 이상하게 포장된 잘못된 해석들입니다. 이들은 본래 설명할 수 없는 것을 상징적이며 은유적이고 비유적으로 설명하고자 했던 것을 잘못 해석한 것들입니다. 이 이야기들은 한 줌의 진리의 메아리 그 이상을 담고 있지 않습니다. 이 이야기들은 원래 상처의 아픔을 인간이 자기의 수치로 받아들였기 때문에 이상하게 왜곡된 것들입니다.

우리는 또한 무력한 신 때문에 눈물의 골짜기에 빠진 것이 아닙니다. 우리는 어떤 생물학적인 우연 때문에 존재하는 것이 아닙니다.

그저 존재하기 때문에 혹은 붓다가 필경 인생의 목적은 존재하기를 멈추는 것이라고 가르쳤듯이, 우리가 인생의 윤회를 지나치고 있는 것이 아닙니다.

제가 이렇게 말하는 것은 붓다가 실제로 가르친 것과 어떤 왜곡들이 그가 만난 진리를 오염시켰는지 분별하기가 아주 어렵기 때문입니다.

모든 영적 스승들과 종교들의 가르침에는 왜곡과 거짓이 있고 또한 어느 정도의 진리도 있습니다. 진리를 분별하는 것은 종종 수백 년 동안 대양 밑바닥에 묻혀있는 난파선의 쓰레기 더미로부터 진리의 알갱이와 금궤라는 보물을 찾아내는 것과 같습니다.

성서

잠시 성서를 예로 들어 말해보겠습니다. 성서를 택한 것은 성서가 서양 문명화를 구성하는데 강력한 힘이 되었기 때문입니다.

성서는 진리를 품고 있습니다. 그리고 성서의 많은 내용은 상징적이며 비유 형식으로 표현되어 있습니다. 이렇게 성서가 상징과 비유 형식으로 표현된 것은 성서가 쓰여질 당시 대부분의 청중이 충분한 지적

능력이나 상상력을 갖고 있지 않았기 때문이었습니다. 이들은 우리가 지금 사용하는 도구나 지식이 없었습니다.

때문에 성서는 진리를 포함하고 있지만 동시에 많은 왜곡도 품고 있습니다. 성서는 수차례 번역의 과정을 거쳤습니다. 성서를 번역한 이들은 남성 동반 의존자들이었습니다.

나는 최근 출판된 책에서 발췌한 짧은 내용을 당신과 나누고자 합니다. 이 책을 다 읽지 않았기 때문에 책의 내용을 충분하게 말씀드릴 수는 없습니다. 나는 1990년 11월 「캘리포니아」라는 잡지에 실린 이 책에 대한 서평을 읽은 적이 있습니다. 이 책의 서평에서 본 내용을 소개해보고자 합니다.

이제 당신께 말씀드립니다. 새 성서 번역이 옳고 이전 번역은 잘못되었다고 말하는 것이 아닙니다. 당신이 어느 번역을 진리로 받아들일 것인가는 자신이 결정할 일입니다. 나는 대안적 관점으로서 한번 생각해보라고 여기에 그 내용을 소개합니다.

이 책의 제목은『제이의 書The Book of J』입니다. 두 분이 함께 쓴 책인데 그 중의 한 분은 유대인 출판 협회의 회장을 지낸 분이고, 다른 한분은 예일 대학교 인문학부 교수이십니다. 이 책에서 이들은 구약 성서의 한 음성을 뽑아냈습니다. 알다시피 구약성서는 여러 저자들이 쓴 책들을 모아놓은 것입니다. 창세기의 경우만 하더라도 두 사람이 썼기 때문에 창조에 대해 서로 갈등이 되는 이야기들로 묶여 있습니다.

이 책의 저자들은 원어를 추적하고 다른 시각에서 그 원어를 번역해 냄으로써 성서기자들로부터 한 목소리를 찾아냈습니다.

여기 이들의 번역과 전통적인 번역 사이의 차이를 보여주는 한 부분을 발췌해 보겠습니다. 흠정역King James Bible 성서 창세기 3:16절에는 "너는 남편을 원하고 남편은 너를 다스릴 것이니라"라고 되어 있습니다.

어때요. 내용이 가부장적인 성차별적 분위기가 나지 않나요? 이것이 우리가 성서를 읽으면서 받아들인 내용입니다.

동일한 구절에 대해서 새 번역은 다음과 같이 번역해주고 있습니다. "그대의 아랫배가 남자의 몸 쪽으로 끌릴 것이다. 왜냐하면 남자가 그대의 몸 위에서 사랑을 나누고자 할 것이기 때문이다. To your man's body your belly will rise, for he shall be eager above you."

나에게는 "너를 다스릴 것이니라"라는 번역과 "그대의 몸 위에서"라는 번역은 완전히 다른 의미로 다가옵니다. 이 둘은 관점에서 있어서 180도 다른 의미처럼 보입니다. 새 번역은 性에 대한 수치가 없는 것처럼 보입니다. 정상적인 인간이 性의 욕망을 갖는다는 것은 나쁜 것이 아닌 것처럼 들립니다. 육체는 약하고 영은 저기 어딘가에 존재한다는 그런 의미가 아닙니다.

한 서평은 이렇게 정리했습니다.(Greil , Marcus, California magazine, November 1990, Vol. 15, No. 11). [이 책은] “우리가 생각하고 아는 바를... 뒤집어 놓습니다. 가히 폭력적입니다.... 인간의 조건을 보는 방식을 엄청나게 바꾸어 놓았습니다.” 그는 또 말하기를, “다양하고 심오한 차이들이 있는데” 그 중에는 “영혼과 육체를 구분하지 않은 채 ‘인간이 살아있는 영혼이 되었다.’ 라는 말을 ‘인간이 육체의 피조물이 된다.’ 로 바꾸어 놓은 것입니다. 이런 맥락에서 마이클 벤투라Michael Ventura는 기독교종교Christianism라 불리는 기독교Christianity가 와해되고 있습니다.” 라고 했던 것입니다.

유대교, 기독교, 이슬람의 문명화의 핵심이 폭력적 행위라는 것을 정확하게 지적하지 않았지만, 이 책은 육체를 지닌 피조물인 인간됨에서 수치를 약화시키는 것처럼 보입니다. 인간됨은 수치가 아닙니다. 우리는 신에 의해 벌을 받은 것이 아닙니다. 그러나 때때로 우리는 신에 의해 벌을 받은 것처럼 느낍니다.

붓다

이제 붓다를 살펴봅시다. 붓다가 입멸한 지 오랜 시간이 흐른 후 붓다가 가르친 사성제를 저술가들이 전해주었습니다. (사성제란 여기서 하나의 도구로 사용되고 있는 붓다의 여러 가르침들 중 하나입니다. 그렇다고 해서 다른 가르침들이 지닌 영적인 가치를 소홀히 여긴다든지 부정적으로 생각한다는 의미가 아닙니다.)

첫 번째는 존재하는 모든 것이 곧 고통이라는 가르침입니다. 고제苦制

이것은 사실이 아닙니다. 이는 결코 사실인 적이 없습니다.

앞서 제가 말씀드렸듯이, 인간의 삶은 주로 고통에 대한 것이었습니다. 그러나 언제나 초월의 순간이 있었습니다. 인간의 삶에서 기쁨과 빛과 사랑의 순간이 있었습니다. 우리의 영적인 본질의 진리와 기쁨과 위대한 영과 연결된 순간이 있었습니다.

그 순간들이 없었다면, 인간의 삶은 진정 의미가 없었을 것입니다. 그리고 오래전에 생존을 위한 싸움을 멈추었을 것입니다.

인간을 동물이라고 해서 잘못된 것은 아니지만 인간은 동물 이상의 존재입니다. 우리는 보다 큰 어떤 것 곧 우리 자신을 뛰어 넘는 어떤 것에 대한 의식을 갖고 있습니다. 좀 더 친절하고 좀 더 부드럽고 좀 더 사랑스러운 어떤 세계에 대한 기억을 갖고 있습니다.

우리는 영적 존재들입니다.

인간은 언제나 영적인 연결을 추구해왔습니다. 이 지구상에 살았던 모든 인간은 영적인 충만함을 소원하였고 갈망했습니다. 모든 인간은 영적 불-편함과 영적 근거와 단절되었다고 느끼는 내면의 공허를 경험합니다.

경외감과 기쁨과 탄성을 자아내는 이유는 인류 역사의 그 어느 때보다도 더 분명하게 가장 높은 영적 의식으로 나아갈 수 있게 되었기 때문입니다. 이제 우리는 더 높은 자기를 통해서 우주적 창조의 神力에 나아갈 수 있게 되었습니다.

우리 각자는 내적인 통로를 갖고 있습니다. 이제 우리는 구속할 수 있는 능력을 갖고 있습니다. 좀 더 높은 의식으로 돌아 설 수 있는 능력을 갖고 있습니다. 기쁨, 빛, 진리, 아름다움, 사랑의 더 높은 살아있는 감정의 에너지로 향할 수 있는 능력을 갖고 있습니다.

우리는 "하나 됨"의 진리로 향할 수 있습니다. 구속하다atone 라는 말은 하나에at one 라는 말입니다. 구속atonement 이란 하나-이-됨at-one-ment 입니다. 곧 하나 됨의 조건 안에 있는 것입니다.

이제 우리는 살아 있는 고주파에 닿았고, 하나 됨의 진리로 향할 수 있습니다. 진리와 주파수를 맞춤으로써 우리는 하나 됨의 진리와 다시 연결하는 고주파 에너지 진동으로 향하고 있습니다.

이 시대는 구속의 시대입니다. 구속은 심판이나 징벌과는 아무 상관이 없습니다. 구속은 우리의 내적 통로를 정확한 주파수에 맞추는 것입니다.

그러나 우리의 내적 통로는 억압된 감정의 에너지와 역기능적 태도들로 인해서 막히고 어지러워졌습니다. 태도에 있어서 진리와 주파수를 맞추는 것을 통해 내면의 통로를 깨끗하게 할수록, 더 분명하게 사랑과 기쁨과 빛과 진리의 음악으로 향할 수 있습니다.

우리는 퇴행적으로 인간됨을 바라보도록 배우고 역행의 관점을 받아들이도록 강요받았기 때문에 이 일이 쉽지 않습니다. 우리는 감정적으로, 잠재의식적으로 퇴행적인 신념 체계에 기초하여 역기능적으로 삶에 반응하도록 구조화 되어 있습니다.

우리는 인간의 경험을 갖고 있는 영적 존재들입니다.

우리는 영적 실존을 부여받은 인간 피조물이 아닙니다. 우리는 초월을 위해서 완전하게 인간적인 것을 해야 하고 "옳은" 것들을 해야 하는 흠과 부끄러운 것이 많은 인간이 아닙니다.

방어체계를 세우는데 중요한 메신저였던 붓다는 사성제의 네 번째 가르침에서 정견(正見 올바른 이해), 정사유(正思惟 정견에 따라 철저히 실천하겠다는 각오), 정어(正語 거짓말, 중상하는 말, 모욕하는 말 따위를 삼가 하는 것), 정업(正業 생명을 해치거나 도둑질을 하거나 부정한 성행위를 하지 않는 것), 정명(正命 불교의 가르침에 부응하지 않는 직업은 택하지 않는 것), 정정진(正精進 나쁜 마음가짐을 피하고 바른 마음가짐을 계발하는 것), 정념(正念 신체와 감정과 사고의 움직임에 대하여 깨어 있는 것), 정정(正定 바르게 집중하여 명상하는 것) 이라는 8정도를 제시함으로써 인간의 행위와 사유와 신념체계를 통제해야 한다고 가르칩니다.

붓다는 이 가르침으로 동반 의존의 수호성인이 될 수 있었습니다. 언제나 절제하고 "옳은"일을 행하고자 하는 것이 (그 반대에 대해서도 마찬가지로) 동반 의존입니다. 이는 적의로 둘러싸인 환경에서 생존을 위한 방어체계이며, 퇴행적으로 역행하는 신념체계에 기초되어 있는 방어체계입니다.

우리는 신력神力의 하나 됨을 이루는 초월적인 영적 존재들입니다. 우리는 언제나 그래왔고 앞으로도 늘 그럴 것입니다. 우리는 영적 본질에 있어서 완전합니다. 우리는 영적 여정에서 있어야 할 곳에 완벽하게 존재합니다. 인간의 관점에서 보면 우리는 결코 완전한 "인간"이 될 수 없을 것입니다.

우리는 "영적인 것을 얻기" 위해서 거짓된 신념 체계에 따라 완전한 "인간"이 되고자 노력해 왔습니다. 그런데 그렇게 될 수 없습니다. 거짓된 신념 체계에 따라 노력하는 것은 역기능적이며 퇴행적입니다. 물론 이렇게 하는 것이 나쁘거나 잘못되었거나 수치스러운 것이 아닙니다. 이 방법은 지금까지 우리가 배운 최상의 것이었습니다.

지구 역사에서 모든 인간은 순간적으로 생존하는 방법을 배웠습니다.

인간은 언제나 집으로 향하는 길을 찾았습니다. 보다 높은 의식과 연결하는 길을 찾았습니다. 우리의 창조자와 다시 연결되는 길을 찾았습니다. 인간의 역사를 통해서 인간은 살아있는 주파수를 올리기 위해, 더 높은 의식과 다시 연결하기 위해 일시적인 인공 수단을 사용했습니다.

마약, 알코올, 영매, 운동, 성, 종교, 걸식, 폭식, 매질을 통한 자기 고문, 은둔처를 떠나는 이 모든 것들은 더 높은 의식과 연결하고, 영적 자기와 다시 연결하는 고향을 향하는 시도들입니다.

외적 의존

붓다의 두 번째 위대한 진리는 "갈애渴愛" 곧 "생명을 향한 갈증"이 고통을 가져오는 원인이라는 것입니다. 우리의 욕망과 필요가 우리를 고통스럽게 합니다.

붓다의 세 번째 위대한 진리는 고통을 멈추기 위해서 우리는 생명을 향한 갈증을 부수고 욕망과 필요의 불을 끄라는 것입니다.

붓다는 2500년 전 살았습니다. 고통을 가져오는 것은 인간의 필요나 욕망이 아닙니다. 우리의 필요가 고통을 야기하지 않으면서 완성할 수 있는 곳이 있습니다. 그런데 우리는 역기능적인 공허한 우물에서 갈증을 해소하고자 노력해 왔습니다.

인간은 자신의 밖을 봄으로써 안에 있는 공허를 채우고자 노력해왔습니다. 우리는 필요를 채우고 자신이 누구이며 지금 여기 왜 존재하는지를 찾기 위해서 외부의 현상과 바깥 세계를 바라보라고 배웠습니다.

그러나 대답은 밖에 있지 않습니다. 대답은 우리 안에 있습니다. 인간이 그 대답을 온전히 얻지 못한 것은 밖에서 대답을 찾았기 때문입니다. "대답"은 안에만 존재합니다. 우리는 안으로 들어가 대답을 찾아야 합니다. 직관이라는 말은 그것 안으로in-to-it 라는 뜻입니다.

자기의 바깥에서 자신이 누구인가를 찾고 또 스스로에 대해 정의하며 자기-가치를 찾게 될 때 우리는 스스로를 희생자로 만듭니다.

우리는 사람, 장소, 사물, 돈, 재산, 유산에 대해 온전하고 행복해지려면 자신의 바깥을 보아야 한다고 배웠습니다. 그러나 바깥을 보는 것은 소용이 없으며 역기능적입니다. 자기 바깥에 있는 어떤 것으로도 내면의 공허를 채울 수 없습니다.

당신은 모든 돈과 재산과 유산을 얻어 세상에 있는 모든 사람들로 하여금 당신을 칭송하게 할 수 있습니다. 그러나 내면에 평화가 없고 스스로를 사랑하지 않으며 받아들이지 않는다면, 어떤 것도 당신을 진정으로 행복하게 할 수 없습니다.

자기-정의와 자기-가치를 우리 밖에서 찾는다면 우리는 힘을 낭비하는 것이고 스스로를 희생자로 만들고 있는 것입니다. 우리는 희생자가 되도록 훈련하고 있습니다. 우리는 힘을 낭비하도록 배우고 있습니다.

얼마나 왜곡되게 우리가 희생자가 되도록 훈련 받았는지를 보여주는 아주 작은 하나의 예를 찾는다면, 당신의 말을 점검해 보십시오. 당신은 종종 "내일 일하러 가야만 해요" 라고 말하고 있고 다른 사람들도 그렇게 말하는 것을 듣고 있습니다. 우리가 "내가 해야만 해요" 라고 말하는 것은 희생양 진술을 하고 있는 것입니다. "내가 일어나야 하고 일하러 가야만 하는 것" 은 거짓입니다. 어떤 것도 어른에게 일어나라고, 일하러 가라고 강요할 수는 없습니다. 진리는 오늘 "내가 일어나기를 선택하고 일하러 가기를 선택하는 것입니다. 왜냐하면 내가 일하지 않아 오게 되는 결과를 피하기로 선택하기 때문입니다." "내가 선택한다." 고 하는 것은 진리일 뿐 아니라 자기-사랑의 행위에 힘을 실어주고 인정하는 것이 됩니다. 우리가 뭔가를 "해야만" 할 때 우리는 희생자라고 느끼게 됩니다. 그리고 우리가 희생되었다고 느낄 때 화가 나고, 가족이든 상사든 사회든 우리가 원치 않는 일을 하도록 뭔가를 강요한 이를 벌하고자 합니다.

자기-가치

우리는 사람들, 장소들, 사물들의 희생양이 되기를 배웠을 뿐 아니라 스스로 인간됨의 희생양이 되기를 배웠습니다. 우리는 존재의 외적인 현상으로부터 자아 강점을 택하고 자기에 대해 정의하는 것을 배웠습니다.

우리의 몸이 우리 자신은 아닙니다. 몸이란 이 땅에 살고 있는 우리 존재의 일부입니다. 몸은 진짜 우리가 아닙니다.

외모는 노화되고, 재능은 녹이 슬어가며, 지성은 침잠해갑니다. 외부적인 현상으로 우리를 정의한다면, 외부적 현상에 힘을 실어줌으로써 희생양이 될 것입니다. 우리는 인간이라는 것과 나이가 들어간다는 것 때문에 스스로를 미워하게 될 것입니다.

우리 존재의 외적 현상인 외모, 재능, 지성은 축하하도록 주어진 선물입니다. 이들은 잠시 동안 주어진 선물들입니다. 이들이 우리의 전체 존재가 아닙니다. 우리가 진정 가치가 있다면 외모, 재능, 지성이 우리를 정의하거나 지배하게 할 수 없습니다.

그러나 우리는 퇴행적으로 외적인 것들이 우리를 정의하고 지배하도록 배웠습니다. 외부의 일시적인 환영으로부터 자기-정의를 내리고 자기-가치를 평가하도록 배웠습니다. 그런데 사실은 그렇지 않습니다. 이것은 역기능적입니다.

앞서 말했듯이 동반 의존을 좀 더 정확히 표현한다면 바깥의 혹은 외부의 의존입니다. (사람, 장소, 사물, 돈, 재산, 유산과 같은) 외부의 영향들이나 (외모, 재능, 지성과 같은) 외부의 현상들은 내면의 공허를 채울 수 없습니다. 이것들은 우리를 혼란스럽게 하고 잠시 기분을 좋게 할 수는 있습니다. 그러나 이것들이 핵심적인 문제를 해결할 수 없고 우리를 영적으로 충만하게 할 수도 없습니다. 이것들은 우리에게 자아-강점이 될 수는 있지만 자기-가치를 줄 수는 없습니다.

진정한 자기-가치는 일시적인 조건에서 오지 않습니다. 진정한 자기-가치는 내면에 있는 영원한 진리에 다다름으로써, 우리의 진정한 조건인 은총의 상태를 기억함으로써 옵니다.

당신 외의 누구도 진리가 무엇인지 당신에게 정의할 수 없습니다.

당신 외의 어떤 것도 당신에게 참 온전함을 줄 수 없습니다. 당신은 내면에 이미 존재하고 있는 초월적 진리에 다가감으로써 온전히 채워질 수 있습니다.

치유와 기쁨의 시대란 각자가 내면의 진리에 이르는 시대입니다. 영적 스승이나 종교 집단이나 독립된 공동체 등이 자신이 누구인가를 말해주는 시대가 아닙니다.

다른 사람, 독립된 공동체, 이 책들과 같이 외부의 누군가는 그저 당신이 이미 알고 있는 바를 당신에게 상기시키고 있을 뿐입니다.

당신 자신의 진리에 이르는 것은 기억하는 것이고, 자신의 여정을 따르는 것이며, 지복을 찾는 것입니다.

동반 의존은 작용이 되지 않습니다. 그것은 역기능적이며 퇴행입니다.

독립이 대답입니다.

자기-정의와 자기-가치를 위해 자신 밖에서 바라본다는 것은 우리가 스스로를 좋게 느끼기 위해서 다른 사람들을 판단해야 한다는 것을 의미합니다. 우리가 외부로부터 자기를 바라보게 될 때 이 길 밖에는 다른 길이 없습니다.

우리는 어떤 것보다 더 좋고, 예쁘고, 똑똑하고, 부자라는 판단을 통해서 자아를 튼튼하게 한다고 배웠습니다.

동반 의존의 사회에서 스스로에 대해 긍정적으로 느끼기 위해서는 누군가를 얕잡아 보아야 합니다. 이것이 바로 세상에 판치고 있는 모든 편협, 인종차별주의, 성차별주의, 편견의 뿌리입니다.

진정한 자기-가치는 누군가 혹은 무엇인가를 경시하는데 있지 않습니다. 진정한 자기-가치는 우리가 모든·사람과 모든 사물에 연결되어 있음을 깨닫는 것입니다.

우리는 눈송이와 같습니다. 예컨대 한 사람 한 사람이 독특하고 다르며 특별합니다. 우리 모두는 같은 것에서 만들어졌고 같은 옷에서 갈라져 나왔습니다. 우리 모두는 위대한 영 곧 영원한 하나의 일부입니다.

우리가 내면에서 바라보고 진정으로 우리가 누구인지에 대한 진리를 축하하게 될 때 공포로부터 우리 자신의 독특한 차이를 판단하는 것이 아니라 축하할 수 있습니다.

삶을 거꾸로 보기

우리는 공포, 생존, 부족함, 결핍의 관점에서 생을 접근하도록 배웠습니다. 보편적인 창조적 힘의 진리는 무조건적인 사랑, 기쁨, 그리고 풍요로움입니다. 다시 말하면 진리는 180도 다른 관점에서 보는 것입니다.

삶은 목적에 대한 것이라고 우리는 배웠습니다. 결혼, 대학에서의 학위, 명성이나 행운 등, 우리가 어떤 목적에 도달하기만 하면 그 이후 행복한 삶이 될 것이라고 배웠습니다.

그러나 삶은 그렇게 흘러가지 않습니다. 우리는 이 사실을 통해 동화 같은 이야기를 버렸습니다. 그러나 감정의 차원에서 우리는 내면의 아이들이 우리에게 가르쳐 준 동화 같은 이야기를 아직도 추구하고 있습니다. 우리는 "배가 항구에 들어오는 것을 축하하기 위해" 입었던 예복을 계속해서 입고 살아갑니다. 왜냐하면 우리가 생동감 있는 삶을 시작할 때, 관계나 성취를 이루었을 때, 혹은 돈을 벌게 되었을 때, 그 때 가졌던 좋은 감정을 그대로 지니고 살아가려 하기 때문입니다.

우리가 누군가에 혹은 무엇인가에 고착될 필요는 없습니다. 우리는 깨진 존재가 아닙니다. 존재감과 자기 인식이 깨어지고 골절되어 산산조각이 났지만, 우리의 진정한 자기는 부서지지 않았습니다.

우리는 퇴행하기 때문에 우리가 부서졌다고 생각하거나 느낍니다.

우리는 깨진 존재가 아닙니다. 우리는 수치라는 중독에 걸려 있습니다. 그래서 우리가 깨진 존재라고 생각하고 본래적으로 기형적이라고 생각합니다. [여기서 죄책감과 수치의 분별이 필요합니다.]

"내가 실수한 거야. 내가 뭔가를 잘못한 거야!" 라고 생각하는 것이 죄책감입니다.

반면에 "내가 곧 실수야. 나에게 뭔가 잘못된 거야!" 라고 생각하는 것이 수치입니다.

다시 말하자면, 수치는 내 안에 있는 어린아이가 "내가 벌을 받아 마땅해" 라고 느끼는 감정입니다.

삶은 여정이며 과정이지 목적지에 이미 도달한 것이 아닙니다. 삶이란 끊임없이 계속되는 변화이자 성장입니다. 우리는 변화에 맞서서 통제하도록 배웠습니다. 그리고 성장에 저항하도록 배웠습니다. 우리는 물의 흐름을 거슬러 올라가면서 수영하도록 배웠습니다. 그러니 때때로 피곤해지는 것은 당연한 것입니다.

우리는 죽음이 큰 비극이며 죽음을 두려워하고 간과하며 삶을 지나쳐야 한다고 배웠습니다. 죽음을 두려워하고 결코 진정한 삶을 살지 말라고 배웠습니다. 이것이 퇴행입니다.

죽음은 전환이며 변환입니다. 죽음은 긴 여정에서 하나의 이정표로 등장합니다. 죽음은 두려워해야 할 비극이 아니고 받아들여야 할 궁극입니다. 비극은 우리가 지금 살아있는 이 순간을 즐기지 못하는데 있습니다.

우리는 반대의 시각에서 삶을 돌아보고 인간의 경험을 보고 있습니다.

우리는 역전되고 퇴행적인 신의 개념을 배웠습니다. 작고, 소소하며, 분노하고, 시기하며, 심판하는 남성적인 신에 대해 배웠습니다. 우리는 폭력적인 아버지 신에 대해 배웠습니다.

당신이 만일 벌을 주고, 심판하는 남성 신을 믿기로 선택한다면, 그

것은 전적으로 당신의 권리이자 특권입니다. 그렇게 선택한 것이 당신에게 잘 맞는다면 괜찮습니다. 그러나 나에게는 그런 선택이 잘 맞지 않습니다. 나는 개념이 바뀌어야 한다고 생각합니다.

우리는 누군가를 돌보는 사람이 되기보다는 누군가를 돌보는 것을 떠안는 사람이 되도록 배웠습니다. 예컨대 우리는 사랑의 표현으로서 우리의 진정한 자기를 이웃에게 나누어준 것이 아니라 우리가 누군가를 위해 행한 것에서 자기를 정의하고 자아의 힘을 얻었습니다.

이것은 어디에 초점을 두는가의 문제입니다. 동반 의존은 초점을 엉뚱한 곳에 둔 질병입니다. 당신이 누군가를 위해 행한 일을 당신의 자기-가치로 삼고 있다면, 당신은 희생자가 되고 말 것입니다. 왜냐하면 다른 사람들은 당신이 원하는 것을 되돌려 주지 않을 것이기 때문입니다. ("결국, 이것이 내가 너희들을 위해 애쓴 결과야!")

만일 당신이 자기-가치의 표현으로 어떤 것을 주었다면, 그것을 되돌려 받을 필요가 없습니다. 이때 당신은 정말 선물을 받은 것이 됩니다.

주는 것은 우리가 내면에서 만난 진정한 사랑의 표현입니다. 우리보다 약하다고 생각되는 사람들을 돕는 것으로 자아를 강화시킬 수 없습니다.

우리는 수많은 사람들이 굶주림에 시달리며 집 없이 살아가는데 반해 몇몇 소수만이 부족함 없이 떵떵거리며 사는 세상에 살고 있습니다. 우리가 살고 있는 사회는 자원과 대지를 소유하고 축적하는 것이 가능할 뿐 아니라 우리가 살고 있는 지구를 죽이는 것을 합리화합니다. 이것이 바로 불균형과 뒤바뀐 사유의 증후들입니다.

우리가 사는 사회의 모든 영역에 불균형이 있습니다. 우리의 체계가 갖는 역동에서 관심이 본래적으로 갈등을 빚고 있습니다.

우리는 의료 체계가 질병으로 인해 이득을 보고 그 이익으로 건강을 증진시키는 어떤 보상이나 노력을 하지 않는 사회에 살고 있습니다.

한번 상상해보십시오. 치료진이 당신이 건강해졌을 때는 매달 돈을 받고 여전히 아프다면 돈을 받지 않는 체계를 상상해보십시오. 그렇게 되면 의사들이 한약과 침술에 문호를 개방하고 전인적인 치유와 영약에 관대하며 다른 종류의 대체 치유 방식에 개방적이 될 것입니다. 물론 제약회사와 보험회사가 망하게 될 것이고 그 때문에 경제가 무너질 수도 있을 것입니다.

의학체계는 오히려 당신을 약에 노출시켜 영구히 투여하게 하는 어떤 퇴행성을 갖고 있습니다.

우리의 정신 건강 체계 또한 치유를 증진시키지 못하고 오히려 방해하고 있습니다. 미국의 정신 건강 체계는 당신의 행위와 감정들을 통제하여 역기능적 체계 안에 가두어 퇴행하도록 디자인 된 것입니다.

당신을 감정과 단절시키는 약은 오히려 치유의 과정을 단절시킵니다. 정신 건강 전문가들은 당신이 그들을 정기적으로 만나게 함으로써 당신으로부터 재정적인 혜택을 입습니다. 전문가들은 당신을 그들에게 의존하게 만듦으로 생존합니다.

우리는 性이 수치스러운 것이고 말해서는 안 된다고 생각하는 사회에 살고 있습니다. 그런데 우리는 자동차를 팔기위해 性을 사용합니다. 이것이 바로 퇴행입니다. 인간의 性은 존중되고 축하를 받아야 하는 축복된 선물입니다. 결코 품위를 떨어뜨리거나 수치스러운 어떤 것으로 꼬이거나 왜곡되어서는 안 됩니다.

우리는 "사랑" 의 감정적인 경험이 행동의 한계를 정하고 부모들은 어린아이의 행동이 그들의 자기-가치를 반영한다고 생각하기 때문에 어린 아이들의 행동을 억제하기 위해서 두려움, 죄책감, 수치를 사용하는 사회에 살고 있습니다.

달리 말하면, 아들 존의 행동이 올바르면 "좋은 아이" 가 되는 것이고, 부모가 좋은 사람이 됩니다. 만일 존의 행동이 바르지 못하고 비행적이면 부모가 뭔가 잘못된 것입니다. ("저 아이의 가족이 문제야!")

가족의 역동 연구가 보여주는 바에 따르면, 실제로 착하고 가족의 영웅 역할을 하는 이는 감정적으로 가장 부정직하여 자신의 본 모습을 드러내지 않습니다. 반면에 행동으로 드러내어 희생양이 된 아이는 역기능적인 가족 안에서 감정적으로 가장 정직한 아이입니다. 여기서도 다시 한 번 퇴행이 이루어지고 있습니다.

동반 의존적인 사회에서 우리는 "사랑"의 이름으로 사랑하는 사람들을 조작하고 수치감을 부여함으로써 통제하도록 배웠습니다. 또한 이들이 우리 자신의 자아-힘을 보호하도록 옳은 일을 하게 했습니다. 우리의 감정적인 사랑의 경험은 통제하는 어떤 것에 대한 경험입니다. "내가 당신을 사랑하는 것은 당신이 내가 원하는 바를 하기 때문이야!" 우리의 감정적인 사랑의 경험은 수치를 주고 조작적이며 폭력적인 어떤 것의 경험입니다.

수치를 주는 폭력적 사랑은 비정상적이고 어처구니없는 것입니다. 신의 이름으로 살인하고 전쟁을 일으킨다는 생각이 제정신이 아니고 어처구니없는 것과 같은 이치입니다.

이처럼 어처구니없고 제정신이 아니며 역전되고 역기능적인 개념들이 이 지구상에서 벌어지고 있는 문명화 기초의 일부인 것입니다.

문명화된 사회

이제 나는 몇 가지 점을 분명히 하고 싶습니다.

세계 도처에 일어나고 있는 문명화에 대해 언급해 보겠습니다. 그러나 내가 언급하고자 하는 문명화는 서구 특히 미국의 문명화에 대한 것입니다. 나와 여러분은 미국의 문명화를 경험하고 있기 때문입니다. (여기서 사용하는 "문명화" 라는 말은 서구의 의미에서 사용한 것입니다. 예컨대 "덜 발달된 사람들" 에 비해 우월하다는 의미이며 도시에 기반을 두었다는 의미입니다.)

모든 문명화는 다양한 정도로 역기능적이며, 문명화의 구조 안에 있는 하부 문화들 또한 역기능적입니다. 문명화는 역기능과 불균형의 다양한 정취를 갖고 있습니다.

한 예를 들어보면 다음과 같습니다. 아시아인 대부분은 가족이든 회사든 국가든 전체 공동체의 선을 위해서 희생합니다. 개인의 자기-정의는 좀 더 큰 체계로부터 주어집니다. 전체를 희생시키면서까지 개인을 영화롭게 하는 서구의 문명화가 불균형적이고 역기능적이듯이 공동체를 위해 개인을 희생하는 아시아의 문명화 역시 불균형적이고 역기능적입니다. 이처럼 역기능이 다양합니다.

회복의 춤은 통합과 균형을 지향합니다. 이 말은 숲의 일부인 것을 영화롭게 여기면서도 동시에 한 그루의 나무인 것을 축하한다는 의미입니다. 회복은 개체로서의 온전함과 모두와 더불어 하나 됨을 의식하는 과정입니다.

내가 여기서 "문명화된" 사회를 언급하는 것은 또 다른 이유 때문입니다. 이 세상에서 역기능이 극대화 된 것은 도시에 기초한 산업화된 문명화 때문입니다.

미 원주민 같은 원시 부족 문화는 어떤 "문명화된 문화" 보다도 훨씬 통합되고 균형 잡힌 문화를 갖고 있었습니다. 이들은 수단에 의해 통합되거나 균형 잡힌 것이 아니었습니다. 이들은 도시에 기초한 문명화보다 자연의 흐름에 훨씬 더 가까이 하면서 자연과 자연의 법을 존중했으며 우주의 법칙과 흐름을 따랐습니다.

사실 원시 사회들은 그 사회를 구성하고 있던 개인의 영적, 감정적, 정신적 건강의 차원에서 훨씬 더 기능적이었습니다. 이들은 지구상의 어떤 "문명화된" 사회보다도 개체 인간을 존중했습니다.

역사적으로 개인의 온전함과 행복의 차원에서 볼 때 발전과 진보의 차원과 역기능의 차원 사이에는 직접적인 상관관계가 있습니다. 달리 말하면, 사회가 "진보하여" 자연의 법칙과 순환을 존중하지 않고 따르지 않을수록, 개인의 자기-존중과 온전함에 대한 감정은 더욱 역기능적이 됩니다.

[그러나 신의 문서에 따르면 진보와 개인의 감정적 건강 관계가 반비례한다는 역사적 사실에 전환이 일어나고 있습니다. 이제 우리는 치유와 기쁨의 시대에 접어들고 있습니다. 이 전환은 개인의 권리의 중요성을 가르쳤던 영적 스승들의 노력으로 이루어진 것입니다. 제퍼슨Jefferson과 프랭클린Franklin은 정부와 대부분의 사회가 반대했음에도 불구하고 개인이 영적 진리를 추구할 수 있는 사회를 만드는데 기초를 놓았습니다. (물론, 사회의 역기능적 성격 때문에, 당시 그 권리는 실행에 옮겨지진 못한 채 이론으로 그치고 말았습니다. 그렇지만 그 권리는 사회의 구조 안에 여전히 흐르고 있습니다.) 이러한 본래적 권리를 주창함으로 해서, 미국은 지구상에서 처음으로 변혁적 치유 운동의 산실이 되었습니다. 이 엄청난 운동은 1960년대 인권운동과 베트남 전쟁에 참여해서 겪은 국가적인 상처를 딛고 일어나게 하였습니다. 이 기간 동안 개인들은 집단적으로 전통적인 가치 체계와 시각에 도전하였습니다. 큰 시각에서 전통의 가치를 바라봄으로써 단편적인 조각들을 완벽하게 조합하였습니다.]

"원시" 문화들이 더 기능적인 또 다른 이유는 그들이 지고의 힘에 대해 훨씬 더 호의적인 개념을 갖고 있기 때문입니다. 이들은 실제로 신의 기운이 수치스러운 벌을 주기보다는 여기 살고 있는 우리에게 사랑이 넘치는 삶의 목적을 준다고 생각했습니다.

그러므로 더 진보하고 문명화될수록, 사회를 구성하고 있는 개인의 감정적, 정신적, 영적 필요를 충족시키는 면에서는 더욱 역기능적이 되었습니다. 일종의 퇴행처럼 들리지 않나요?

당신의 내적 아이를 치유하십시오.

이점이 바로 인간의 동반 의존의 조건이 갖는 퇴행적이고 역행하는 면입니다. 나는 이 공식이 모든 면에서 적용된다고 생각합니다. 오늘날 세상 안에서 일어나고 있는 일은 이러한 "역행"의 합리적이고 논리적인 결과입니다.

우리 사회는 원인을 치유하기 보다는 증상에 대해 전쟁을 선포합니다. 정부는 종종 범죄와의 전쟁, 가난과의 전쟁, 밀거래 마약과의 전쟁 등을 선포합니다. 그러나 드러난 증상과의 전쟁은 효과적이지 않습니다. 이는 퇴행이자 역기능적입니다.

우리 밖에서 이루어지는 전쟁들은 우리 안에 있는 전쟁에서 비롯된 것입니다. 인간은 수 천 년 동안 안과 밖에서 전쟁을 해왔습니다. 지금도 끊임없이 계속되고 있는 전쟁들, 폭력, 어머니 지구의 강탈은 내면의 전쟁이 밖으로 표출되었기 때문입니다.

이 전쟁들은 우리 스스로에게 부과된 전쟁에서 비롯된 것들입니다. 예컨대 인간인 우리가 스스로를 심판하고 부끄럽게 여김으로써 또한 우리 자신의 감정적 과정을 거스름으로써 비롯된 것들입니다.

내면의 아이를 치유하고 사랑할 때 우리 안의 전쟁을 멈출 수 있습니다. 내면의 아이는 위대한 영과 연결되어 있는 우리의 진정한 자기를 발견하는 문입니다.

나는 수년 동안 다음과 같은 내용이 담긴 차량 스티커를 나눠주었습니다.

"세계 평화를 위해 일하십시오. 당신의 내면의 아이를 치유하십시오."

이것이 유일한 길입니다. 그리고 할 수 있는 길입니다. 이 길만이 효과를 가져 올 수 있는 유일한 길입니다.

사담 후세인Saddam Hussein은 거의 매일 그의 의붓아버지로부터 매를 맞고 자랐습니다. 감정적으로는 어머니로부터 유기되었고 수치를 경험했습니다. 그는 유아기적 외상을 행동화하고 있는 어른아이일 뿐입니다. 그의 부서진 마음, 상처 입은 영혼, 뒤바뀐 사유 때문에 그는 스스로에게 자기 세계에서 가장 큰 아이라는 것을 증명하려 했습니다. 그의 부모는 그를 그렇게 키우지 말았어야 했습니다. 그는 수십만 명의 사람들을 죽게 했습니다.

아돌프 히틀러Adolf Hitler는 그 자신에 대해 곧 자신의 유대적 유산을 미워하였던 것을 제거하고자 600만 명의 유대인을 죽였습니다. 그는 내면이 수치로 가득하였고 뻥 뚫린 공허 곧 상처 입은 영혼을 갖고 있었습니다. 그는 무가치하다고 느꼈고 사랑하지 않았으며 역행되고 꼬인 생각으로 그가 받았던 상처를 되갚아 공격하였습니다.

우리는 내면의 전쟁을 멈출 때까지 바깥에서 일어나고 있는 전쟁을 멈출 수 없습니다.

내면의 전쟁을 멈추는 길은 우리 자신의 치유에 주목하는 것이고 회복의 춤을 추기 시작하는 것입니다. 우리는 지금까지 거꾸로 살았습니다. 우리는 내면의 평화를 찾기 위해서 외적인 것들을 고치려 했습니다.

그런데 이런 노력은 더 이상 효과적이지 않습니다. 역기능적일 뿐입니다.

제4장

회복의 춤

우리는 퇴행적으로 "인간"을 보고 행동하기를 배웠습니다. 이제 우리의 시각을 180도 바꿀 필요가 있습니다.

이런 방향 바꾸기에는 치유 과정에 대한 관점도 포함됩니다. 우리는 치유와 회복이 해피 앤딩을 위해 도달해야 할 목표인 것처럼 추구했습니다. 우리는 삶의 "바른" 길을 배우기 위해서 치료사들과 심령 연구가들과 심리치료사를 찾아갔습니다.

회복은 옳고 그름, 흑백의 춤이 아니라 통합과 균형의 춤입니다. 회복에서 묻게 되는 질문은 다음과 같은 것들입니다. 이것이 정말 나에게 효과적인가? 내 필요를 충족해 주는 삶의 방식인가? 나에게 뭔가 행복을 주는 삶의 방식인가?

애도과정이 효과적이라고 말한 것은 그것이 옳다는 의미가 아닙니다. 혹은 감정적 치유를 적극적으로 하지 않으면 그것이 당신을 나쁘다거나 잘못된 것이라고 말하는 것이 아닙니다.

어쩌면 당신이 아직 애도할 시간이 아닐 수도 있습니다. 어쩌면 애도하기에는 안전한 곳이 아닐 수도 있습니다. 어쩌면 지금이 당신의 인생에서 애도와는 어울리지 않는 시간인지도 모릅니다.

누구도 당신의 여정에 대해 당신에게 말해줄 수 없습니다.

내가 말하고자 하는 바는 애도과정이 극적으로 삶의 경험의 질을 바꿔놓으며 삶에서 평화와 기쁨을 찾을 수 있게 한다는 것입니다. 그런데 불행한 것은 이런 정보를 공유할 때 흑백의 양극적인 언어를 사용할 수밖에 없다는 것입니다.

당신이 스스로를 사랑하지 않고서 다른 이들을 사랑할 수 없다고 말한 것은 누군가를 사랑할 수 있기 전에 당신 자신을 완전히 사랑해야 한다는 의미가 아닙니다. 이 말의 의미는 우리가 매 순간 조금 더 우리 자신을 사랑하고 수용하기를 배울 때 조금 더 다른 이들을 사랑하고 수용할 수 있음을 배우게 된다는 뜻입니다.

당신이 내면을 털어내기까지 직관적인 진리에 다가갈 수 없다고 말한 것은 당신이 어떤 메시지를 얻기 전에 치유의 과정을 완결해야 한다는 의미가 아닙니다. 당신은 들으려 하는 순간 메시지를 얻기 시작할 수 있습니다. 당신이 치유되면 될수록 메시지는 더욱 분명해집니다.

알코올 중독이나 일중독 혹은 음식중독과 같이 무의식 세계에 대해 말한 것은 이런 것에 빠져 있다고 해서 당신이 부끄러워해야 한다는 의미가 아닙니다.

우리는 하루 밤 사이에 무의식 세계에서 의식 세계로 나아갈 수 없습니다. 치유는 길고도 점진적인 과정입니다. 우리 모두는 때때로 무의식 세계에 빠져들 필요가 있습니다. 회복은 완전에 이르는 춤이 아니라 진보를 기뻐하는 춤입니다.

나의 개인적 여정에서 중요한 돌파구는 내가 깨닫고 이룩한 발전에 대해 자신을 신뢰할 수 있을 때 일어납니다. 예컨대 하겐다즈 아이스크림 한 통을 사서 20분 안에 다 먹기 보다는 두고두고 삼일에 걸쳐 먹을 수 있다는 사실을 깨닫게 될 때 일어납니다.

이 사실을 깨달은 것이 나에게는 큰 돌파구였습니다. 나는 완전하지 않다고 하여 자신을 판단하고 부끄럽게 생각하기보다는 진보하고 있는 나를 신뢰할 수 있었습니다. 이제 아이스크림 한 통을 한꺼번에 먹기 보다는 며칠에 걸쳐 먹을 수 있게 되었습니다.

우리는 살아남기 위해서 무의식 세계로 향해야 했습니다. 알코올이

나 텔레비전이나 사랑을 주제로 한 소설들에 대해 신께 감사를 드리십시오. 아이스크림에 대해서 신께 감사하십시오.

우리는 자신을 심판하는 것을 멈추어야 합니다. 이 말은 자기 자신에게 무슨 일이든 택하게 하라는 것을 의미합니다. 무의식의 세계에 내려가야 하는 때가 있습니다. 순간적으로 우리의 감정을 채워야 할 때가 있습니다. 위험에 노출되어 감정적으로 정직한 것이 안전하지 않은 때가 있습니다.

회복의 과정은 이전의 도구들은 놔두고 새 도구들을 사용하게 되는 점진적 변화입니다. 우리가 살아남기 위해서 무의식의 세계로 내려가곤 했던 이전 도구들은 나쁜 것도 아니고 잘못된 것도 아닙니다. 이들이 우리의 삶을 구해주었습니다. 이전 도구들이 없었더라면 우리는 죽든지 많은 사람을 죽게 했든지 아니면 죽은 이들 가운데 한 사람이 되었을 것입니다.

우리가 이전 도구들을 사용한 것은 당시에는 우리에게 가장 잘 맞았기 때문입니다. 우리는 '바로 이거야' 라는 직관적 충동에 따라 그 도구들을 사용했습니다. 이 충동들이 우리 자신을 보호하고 양육했습니다. 이것이 바로 방어기제의 성격입니다. 결국 동반 의존은 우리 자신을 보호하고 양육하기 위해 배웠던 자기-폭력적인 방식이었습니다.

그러므로 우리는 덜 자기-폭력적인 행동들로 옮겨가면서 우리 자신을 보호하고 양육하기 위해 받아들였던 행동들에 대해 수치스러워하는 것을 멈추어야 합니다.

내가 여기서 덜 자기-폭력적이라고 말한 점을 주목하십시오. 덜이라고 말한 것은 완전을 말한 것이 아니라 진보를 말하고 있는 것입니다.

당신이 완벽하게 건강한 행동의 이미지를 갖고 있다면, 아마도 당신은 완전에 이르기까지 당신 자신을 받아들이거나 사랑하려 하지 않을 것입니다. 그리고는 그 완전에 이르게 되면 비로소 사랑 받을 만한 사람이 될 것이라는 조건을 달 것입니다. 당신은 아직도 조건적인 사랑의 개념에 빠져 있습니다. 확장해서 말한다면 지고의 힘이 조건적으로 사랑을 주고 있다는 생각을 갖고 있습니다. 당신은 아직도 자기-사랑뿐 아니라 신의 사랑을 얻기 위해 노력하고 있고 그 사랑에 맞는 사람이 되고자 노력하고 있습니다. 당신 안에 있는 작은 아이가 아직도 당신의 부모의 사랑과 인정을 얻으려 노력하고 있습니다.

동반 의존적인 지구위에 살고 있는 인간에게 이것은 자연스럽고 정상적인 일입니다. 이로 인해 당신 스스로를 심판하거나 두들겨 패지는 마십시오. 그냥 자연스럽게 받아들이십시오. 그리고 스스로에게 "아이쿠. 아직도 이렇게 생각하고 있다니 얼마나 슬픈 일인가? 언젠가는 내가 바꿀 수 있는 방법을 배우게 될 거야!" 라고 말해주십시오.

삶을 향유하십시오.

우주적 관점에서 보면 모든 일은 완벽하게 전개되고 있습니다.

우연한 사건이나 우연의 일치나 실수란 없습니다.

당신은 완벽하게 당신의 여정에서 지금 있어야 할 곳에 있는 것입니다. 당신은 언제나 존재해왔고 앞으로도 존재할 것입니다.

신의 힘은 우리의 도움 없이도 우리가 있어야 할 곳에 이르게 할 만큼 충분히 힘이 있습니다. 우리는 위대한 영의 계획을 변경시킬 만큼 힘을 갖고 있지 않습니다.

우리가 할 수 있는 것은 위대한 영의 계획이 우리 자신에게 잘 풀려가도록 선택하는 것입니다. 회복의 목표는 완전하게 되는 것이 아니라 삶을 쉽게 경험할 수 있게 하는 것입니다.

나는 당근과 채찍의 방식으로 나의 지고의 힘을 작용시킬 수 있다고 생각합니다. 노새를 끄는 이가 노새를 움직이게 할 때 어떤 이는 노새의 눈앞에 당근을 달아놓고 당근을 보면서 앞으로 나아가게 하고 또 어떤 이는 채찍을 들어 노새가 움직일 때까지 채찍을 쳐서 움직이게 합니다.

나를 움직이기 위해서 우주가 채찍을 들게 하기보다는 지고의 힘이 내 앞에 당근을 매달아 주어 그 당근을 잡으려고 따라가게 하는 것이 훨씬 쉽습니다. 당근과 채찍 어떤 방식이든 우주가 나에게 원하는 곳에 이르게 합니다. 그러나 당근의 방식이 나에게는 훨씬 쉬운 길입니다.

치유가 이루어질수록 나는 더 분명한 메시지를 얻습니다. 예컨대 채찍을 경험하는 대신 더욱 더 당근을 따르게 됩니다. 회복의 기회는 좀 더 쉬워지고 경험을 향유할 만큼 충분히 우리 자신을 사랑하기 시작합니다.

당신의 삶이 행복하지 않다고 해서 뭔가 잘못된 것은 아닙니다. "우리가 배운 삶의 방식이 작동이 안 되는 것이지요. 그렇다고 이것이 우리의 잘못은 아닙니다." 그런데 여기에 대답이 있습니다. "희망도 보이고요. 이제 우리가 새로운 도구들을 갖게 되었다는 것이지요. 이 도구들이 작동이 된다면, 이것이 좋은 소식 아닌가요?"

치유의 과정이 작동되기 시작합니다. 정말 기적적으로 작동이 됩니다. 그 이유는 진리와 함께함으로 에너지 상호 작용이라는 우주의 법칙과 조화를 이루기 때문입니다. 우리는 자연의 건강한 흐름에 역행하기보다는 함께 하는 것을 배웁니다. 내면의 자아와 전쟁하기 보다는 자신을 사랑하고 받아들이기를 배웁니다.

나비들

내면의 전쟁을 멈추고 좀 더 쉽게 삶을 경험하면서 진리와 함께 하기 위해서는 우리의 감정적 과정을 깨끗하게 하고 우리가 생존하기 위해 사용해온 퇴행적 태도들을 바꾸는 것이 매우 중요합니다. 퇴행적 태도들로 인해서 역기능적 관점들이 생겨났고 그 결과 삶의 관계가 뒤엉키게 되었습니다.

내가 좋아하는 책으로부터 진리에 대해 기술한 부분을 인용을 해보겠습니다. 나는 이 책에서 많은 진리를 느꼈습니다. 이 책은 안내자가 되어 나의 진리가 무엇인지 기억나게 하였고, 나의 길을 의식하게 했습니다. 이 책은 내 관점을 넓혀 인생을 좀 더 큰 정황에서 바라보게 했습니다.

바로 리처드 바흐Richard Bach가 쓴 『환영Illusions』이란 책인데 내가 좋아하는 구절을 인용해 보도록 하겠습니다.

> 당신이 불의와 비극이라고 믿었던 당신의 믿음이 당신의 무지이다.
> 애벌레가 세상의 끝이라 한 그 곳에서 나비가 비로소 탄생한다.

"당신의 믿음"은 관점의 문제입니다. 우리는 어린아이 때 갖게 된 믿음체계에 따라 감정의 반응을 합니다. 이 시각에서 변화는 비극처럼 보이고 성장하도록 강요당한 존재는 수치를 느낍니다. 그러나 우리는 인생 경험에 대한 태도를 바꾸게 되고, 삶을 하나의 과정이요 여정으로 보기 시작합니다. 그리고 이 때 문제라고 인식되었던 것이 성장을 위한 기회임을 깨닫게 됩니다. 이전에는 유아기적 경험들이 기어가는 애벌레라고 생각했습니다. 그러나 진리 안에서 우리는 날 수 있는 나비임을 깨닫게 됩니다.

우리는 나비들입니다. 우리는 모두 영적 존재들입니다.

비판적 부모의 병적 목소리

치유의 과정에서 우리가 나비임을 깨닫기 시작합니다. 그러나 이 깨달음 가운데 있을 때에도 '우리는 하찮게 기어 다니는 역겨운 피조물에 불과하다'는 내면의 목소리가 들립니다.

우리의 내면의 목소리에 힘을 주지 않는 것이 치유 과정에서 중요합니다. 바로 내면에서 일어나고 있는 전쟁을 멈추는 것이 중요합니다. 우리는 수치와 심판을 개인적 차원에서 받아들일 필요가 없습니다. 중요한 것은 우리가 나쁘고 잘못되었으며 수치스럽다고 말하는 내면의 비판적인 목소리를 듣지도 말고 그 소리에 힘을 실어주지 않는 것입니다.

우리의 머리에서 맴돌고 있는 "비판적인 부모"의 목소리는 우리에게 거짓을 말하고 있는 질병입니다. 우리 안에 수치를 주고 판단을 하는 목소리는 우리에게 말 걸어오는 질병입니다. 그리고 그것은 언제나 거짓입니다. 동반 의존이란 질병은 적응력이 뛰어나 모든 상황에서 우리를 공격해 옵니다. 치유와 회복을 방해하는 질병의 목소리는 영적인 언어를 사용하여 우리가 충분히 회복되지 않았고 옳게 회복을 하고 있는 것이 아니라고 속삭입니다.

우리는 질병과 이전의 목소리로부터 그리고 세미한 음성인 진정한 자기로부터 어떤 메시지가 오는지 내적으로 분명하게 할 필요가 있습니다.

우리는 우리를 부끄럽게 하고 판단하는 크고 시끄러운 불평의 소리의 볼륨은 작게 하고 조용하고 사랑이 넘치는 소리의 볼륨은 높일 필요가 있습니다. 우리가 자신을 심판하고 수치스럽게 느끼는 한 질병을 다시 키우는 것이며 삶을 갉아 먹는 용에게 먹을 것을 주고 있는 것입니다. 동반 의존은 스스로를 양육하는 질병이며 자기를 영속시키는 질병입니다.

치유는 길고 점진적인 과정입니다. 치유의 목적은 과정이지 완전함이 아닙니다. 우리는 무조건적인 사랑을 배워가고 있습니다. 무조건적인 사랑은 심판이나 수치가 아닙니다.

[내가 "심판" 이란 용어를 사용할 때 그 의미하는 바는 행동에 기초

해서 우리 자신이나 다른 사람들의 존재를 판단하는 것을 뜻합니다. 이들은 "내가 뭔가 잘못된 일을 저질렀기 때문에 나는 나쁜 사람입니다. 내가 실수를 저질렀기 때문에 나는 실수입니다." 라고 말합니다. 이것이 바로 수치의 독입니다. 뭔가 우리의 존재에 잘못이 있다고 느끼는 것입니다. 인간적인 충동, 인간적인 약점, 인간적인 불완전함을 갖고 있기 때문에 뭔가 잘못되었다고 느낍니다.

물론 우리의 행위 가운데 부끄러움을 느끼게 하는 행위가 있을 수 있습니다. 그러나 그 행위가 우리의 존재를 부끄럽게 하지는 않습니다. 우리는 우리의 행위가 건강하고 적절한지 판단할 필요가 있습니다. 그러나 행위 때문에 우리의 본질적 자기인 우리의 존재를 판단해야 한다는 의미는 아닙니다. 우리의 질병과 유아기적 상처가 우리의 행위를 지배했습니다. 그렇다고 해서 우리가 나쁘다거나 존재로서 결함이 있다는 의미가 아닙니다. 이는 우리가 인간이고 상처받았다는 의미입니다.

존재와 행위 사이에 경계선을 그으십시오. 모든 인간은 어떤 행동을 하든지 존재로서 평등하게 신적 가치를 부여받았습니다. 우리의 행동은 학습된 것으로 (신체적이거나 생리학적인 조건에 반응합니다.) 행위와 행위를 지배하는 태도는 우리로 하여금 영적으로 적의에 차있고 감정적으로 억압적이며 역기능적인 탄생 환경에서 생존하기 위해 채택한 방어기제들입니다.]

우리는 자신의 인간됨에 대해 부정적으로 판단하기 때문에 다른 사람의 인간됨에 대해 부정적으로 판단합니다. 자신을 존재로서 사랑하고 인간성을 수용하기 시작할 때 비로소 다른 사람들을 진정으로 사랑하고 수용할 수 있습니다.

스스로를 관찰하고 스스로에 대해 판단하는 것을 중지하십시오. 스스로를 판단하고 자신에 대해 부끄럽게 생각한다면 질병을 도로 가져가는 것이 되며 다람쥐 쳇바퀴 속으로 다시 뛰어드는 것이 됩니다.

동반 의존은 놀랍도록 교활한 질병입니다.

내면의 전쟁은 질병이나 우리 자신과 싸워 승리할 수 없습니다. 전쟁을 끝내는 유일한 길은 우리 자신에게 쉼을 주고 자신에게 친절하게 대하면서 우리 자신과 내적 아이들을 사랑하기 시작하는 것입니다. 우리는 건강한 방법으로 스스로에게 친절할 때에만 자신을 사랑하는 법을 배울 수 있습니다. 우리 스스로에게 친절해지는 것 중의 하나는 '아니오!'라고 말하는 법과 경계를 정하는 법을 정하여 방어하기를 배우는 것입니다.

무조건적인 사랑은 다른 사람을 위해 동네북이 되라는 의미가 아닙니다. 무제약적 사랑은 필요에 따라서는 우리가 사랑하는 사람들로부터 우리 스스로를 충분히 지켜낼 만큼 자신을 사랑하는데서 시작됩니다.

내면의 경계들

자신을 사랑하기 위해서 우리는 외적인 경계를 정하는 것뿐 아니라 내면의 경계를 정하는 것이 필요합니다. 동반 의존은 자기-희생의 질병입니다. "내가 너를 안내해줄게 ! 내가 책임질게 !" 우리는 우리를 부끄럽다 여기고 판단하는 내면의 목소리에 힘을 실어줌으로써 내 안에 있는 용을 키우는 일을 중지해야 합니다. 우리는 통제하지 못하는 것들을 통제할 수 있어야 합니다. 또한 병적인 목소리에 귀 기울이기를 멈추어야 합니다.

나는 생애 대부분을 침묵의 기도와는 반대되는 방식으로 살았습니다. 예컨대 나는 내 힘으로 통제할 수 없는 사람들이나 사건들 같은 외적인 것을 바꾸려했습니다. 그리고 어느 정도 통제할 수 있는 나의 내면의 과정에 대해서는 책임을 지지 않았습니다. 대신 나 스스로를 부끄럽게 여기고 비난했습니다. 어느 정도의 통제를 갖는다는 것은 나쁜 것이 아닙니다. 내가 통제할 수 없는 어떤 것 혹은 누군가를 통제하는 것은 역기능적입니다. 나 자신이 어디서 끝났고 다른 사람들이 어디서 시작했는지 그 경계를 인식하는 것이 중요합니다. 희생자가 되기를 멈추고 자신을 부끄럽게 여기거나 판단하지 말아야 합니다. 대신 자신의 내적 과정을 어느 정도 통제할 수 있음을 인식하는 것이 중요합니다.

나는 생의 대부분을 나 자신의 생각, 감정, 행위의 희생자가 되어 허비했습니다. 지속적으로 믿을 가치도 없는 사람들을 믿으려 했고 적절하지 않은 사람들을 사랑하려고 했습니다. 나는 모든 차원에서 진정으로 정직하지 못했습니다. 거기다가 감정적으로 나 자신에게 정직할 수 없었기 때문에 나 자신의 감정을 신뢰할 수 없었습니다.

우리는 의지, 개방성, 정직함을 갖고 역기능적 태도들 곧 역기능적 관점들을 의식해야 합니다. 자신의 관점에서 분별을 통해 자신의 감정적 과정과 관점을 변화시킬 수 있기를 기대해야 합니다.

일단 감정을 느끼는 애도의 과정이 시작된다면, 감정 중 어떤 부분이 나에게 진리를 말해주고 있는지 분별할 수 있고 자신을 신뢰할 수 있습니다. 바로 이때 우리는 실제로 神과 자신과 삶과의 관계에 변화가 일어납니다.

이들 관계는 우리 자신을 파괴시키지 않고 있는 그대로 느끼게 합니다. 우리는 정신적인 태도를 바꿀 수 있고, 생각하는 방식을 바꿀 수 있습니다. 이 순간 우리의 생각은 더 이상 자신과 원수가 아닙니다. 우리는 자신의 내적 아이들과 감정적 상처를 품고 존중해줌으로써 이 상처들이 지닌 내장된 힘을 분출할 수 있습니다. 맹목적으로 반응하기보다는 어떻게 대응할 것인지 선택할 수 있습니다. 변화시킬 수 없는 것을 받아들이고, 어느 정도 통제할 수 있는 것을 변화시킬 수 있는, 진리를 가진, 자신을 신뢰할 수 있습니다.

이전의 태도와 믿음 체계를 포기하고, 느껴야 한다는 의무를 내려놓고, 통제할 수 없는 것을 통제하기를 포기하였을 때, 우리는 자신과 우리의 관계들을 바꿀 수 있는 힘에 가까이 다가갈 수 있습니다. 우리는 두려움, 분노, 아픔을 기쁨, 사랑, 평화로 바꿀 수 있습니다.

내적 아이들을 (경계를 정하는 것을 포함하여) 사랑으로 양육하기 위해서, 자녀들에게 비판적인 부모/질병의 목소리를 내지 않기 위해서, 진리, 아름다움, 기쁨, 빛, 사랑의 감정적인 기운을 얻기 위해서 내적인 경계를 정하십시오. 내면의 경계를 정함으로써 우리는 삶에 통합과 균형을 이룰 수 있고 매 순간 행복과 열정을 갖고 삶을 모험할 수 있습니다.

통합의 진리

삶의 여정에서 영적인 진리를 받아들이십시오. 그러면 힘을 얻게 될 것입니다. 이를 위해서는 분별을 갖고 존재의 감정적이고 정신적인 요소들과 관계하십시오.

우리는 뒤바뀐 시각으로 우리의 내적 과정에 관계하기를 배웠습니다. 감정적으로 정직하지 못하도록 배웠습니다. (예컨대 느낌을 갖지 못하게 하거나 우리의 삶을 이어가기 위한 느낌만을 허용함으로써 또 다른 극단으로 치닫도록 배웠습니다.) 결국 우리는 (인간이 된다는 것은 수치스런 것이야. 실수를 하는 것은 나쁜 것이지. 신은 벌하시고 심판하시는 분이야 등등.) 뒤바뀐 태도에 힘을 주어 그리로 향합니다. 이제 우리는 내면의 균형을 이루기 위해서 우리의 내적 과정과의 관계를 변화시켜야 합니다.

거짓된 신념체계에 힘을 실어주지 않고 감정의 기운을 느끼고 내버려 둘 때 우리는 감정과 정신 사이의 균형을 얻게 됩니다. 태도를 새롭게 하고 내면의 통로를 깨끗이 할수록, 역기능적 태도들 가운데 진리를 찾아내기가 쉬워집니다. 이렇게 될 때 감정과 정신 사이의 내적 경계를 정할 수 있습니다.

느낌은 실제적입니다. 그렇다고 느낌이 꼭 사실이거나 진리일 필요는 없습니다.

우리는 희생자가 된 것처럼 느낍니다. 그런데 그 느낌은 우리 스스로에게 경계 지은 것에서 비롯된 것임을 깨닫습니다. 우리는 실수를 저지른 것처럼 느낄 수 있습니다. 그리고 그 실수는 배움의 과정에서 성장을 위한 기회임을 깨닫습니다. 우리는 배반당했거나, 유기되었거나 수치를 당했다고 느낄 수 있습니다. 그리고 그 상처의 순간들이 빛과 치유가 필요한 영역을 알 수 있는 기회였음을 깨닫습니다.

우리는 신/생명이 우리를 벌한다고 생각했던 때가 있었습니다. 그리고 "이 순간 역시 지나갈 것이며" "더 많은 것이 계시될 것이고" 이후에 그 길을 따라 가게 되었을 때 뒤를 돌아보며 우리가 비극이고 불의하다고 생각했던 것이 사실은 성장을 위한 또 다른 기회였고, 우리로 성장하도록 거름이 되어준 선물이었음을 깨닫게 되었습니다.

영적 진리를 나의 여정에 수용함으로써 감정적, 정신적으로 내면의 경계를 정하는 법을 배울 필요가 있습니다. "내가 실수라고 느끼는 것은" 진리가 아닙니다. 영적 진리 안에서 우리는 "실수가 곧 성장을 위한 기회" 임을 깨닫습니다. 내가 느끼고 있는 것이 곧 나라는 환영을 깨뜨리고 감정의 경계를 정하십시오. 나를 판단하고 수치심을 얹혀 주는 내 생각에 '그만해 그 생각은 나를 속이는 질병이야!' 라고 말해주면서 지성의 경계를 정하십시오. 수치와 심판을 끌어들이지 말고 진리를 말하면서 동시에 감정의 아픈 기운을 느끼고 분출하십시오.

내가 "실수" 했다고 느끼면서 '나는 실수야!' 라고 말하고 있는 내면의 "비평적인 부모의" 목소리가 지배하게 되면, 나의 나 됨 때문에 스스로를 수치스러워 하는 아픔의 자리에 빠지게 됩니다. 이 역동 속에서 나는 자신의 희생자가 되고 자신을 벌주는 자가 됩니다. 그리고는 무의식으로 향하는 (음식, 알코올, 성 등) 옛 도구를 사용하여 자신을 구하고자 합니다. 이렇게 함으로써 질병은 소통과 수치의 다람쥐 쳇바퀴가 되어 자신 안에 순환합니다. 결국 아픔, 비난, 자기-학대의 춤을 추게 됩니다.

우리가 느끼는 감정적 진리와 우리가 믿는 정신적 관점 사이에 경계 지우는 것을 배움으로써 – 영적 진리를 삶의 과정에 수용함으로써 – 우리는 거짓된 신념체계에 빠지지 않고 감정을 존중하며 분출할 수 있게 됩니다.

우리가 내면의 지성적인 분별을 배워 거짓된 신념체계에 힘을 실어주지 않게 될수록, 더욱 분명하게 자신의 개인적인 여정을 보고 수용할 수 있게 됩니다. 감정적 과정을 정직하게 대하고 균형을 가질수록 자신의 인격적 진리를 따르는 것이 더 분명해집니다.

비난하지 않기

우리가 온전하게 되기 위해서 우리 삶에 또 다른 사람을 필요로 한다는 잘못된 신념 체계를 떠나보내십시오. 누군가가 우리를 행복하게 해 줄 것이라고 믿는 것은 우리 스스로 희생양이 되게 합니다.

백마 탄 기사는 용으로부터 우리를 구원하기 위해서 우리의 책임을 묻지 않을 것입니다. 공주는 우리에게 키스를 함으로써 개구리인 우리를 왕자가 되게 하지 않을 것입니다. 왕자와 공주와 용은 다른 누군가가 아니고 우리 안에 존재하는 자신입니다. 우리를 구원하는 것은 우리 밖에 있는 누군가가 아닙니다. 우리의 길을 막는 것은 우리 밖에 있는 어떤 용이 아닙니다. 온전하게 되기 위해서 바깥을 바라볼 때 우리 스스로가 희생양을 만들고 있는 것입니다. 악당을 바깥에서 찾고 있는 한 우리는 희생양으로 몰고 간 신념체계를 내 안으로 끌어 들이는 것입니다.

우리는 작은 아이일 때 희생양이 되었고 지금은 그 상처를 치유할 때입니다. 그러나 어른이 된 우리는 스스로 질병의 희생자가 되었습니다. 이런 의미에서 우리는 유아기 학대, 배반, 박탈의 역동을 재연하는 남자배우이며 여자배우입니다.

어른이 된 우리는 희생자이면서 가해자입니다. 희생자는 모두 가해자입니다. 희생자가 된 우리는 우리의 질병에 힘을 실어주고 주변 사람들과 자신에게 벌을 줍니다.

다른 사람을 비난하지 않으면서 자신의 상처를 치유하십시오. 자신을 비난하거나 책임을 짊어지려 하지 마십시오. 앞서 말했듯이 여기에 누군가가 책임질 사람이나 나쁜 사람이 없습니다. 여기서 유일한 악당은 질병뿐이며 그 질병이 우리 안에 존재합니다.

앞서 "다른 사람을 비난하지 않고서"라고 한 것은 분노를 부정하라는 의미가 아닙니다. 우리는 자라면서 우리에게 강요하였던 신의 개념을 포함하여 부모, 선생, 성직자, 다른 권위적인 인물들을 향해 분노와 격노를 분출할 수도 있습니다. 분노를 직접 그들에게 터뜨릴 필요는 없지만 분노의 기운을 분출할 필요는 있습니다. 내면의 아이가 베개나 그런 것에 주먹질 하면서 어린이로서 분노를 표출했듯이, 우리는 "나는 당신을 미워해. 나는 당신을 미워해." 라고 소리를 지를 필요가 있습니다.

그렇다고 이들이 모든 비난을 받아야 한다는 의미가 아닙니다. 우리는 여기서 다시 한 번 감정과 정신의 균형을 말하고 있는 것입니다. 비난은 태도와 관련이 있고 거짓 신념을 받아들이는 것과 관계합니다. 비난은 감정의 기운을 분출하는 과정과는 실제 아무 관계가 없습니다.

어른들로서 우리는 우리를 희생시켰다고 느끼는 사람들에 대해 분노를 분출할 수도 있습니다. 역기능적인 춤을 췄던 것을 자신의 책임으로 받아들이지 마십시오.

스스로 느낀 것들을 자신의 것으로 소유하고 존중하고 분출하십시오. 동시에 자신을 비난하지 않으면서 이 느낌들을 자신의 것으로 받아들이십시오.

어른이 된 우리는 내가 희생양이고 이에 대해 누군가가 책임이 있다고 한다거나 내게 뭔가 잘못이 있기 때문에 내가 비난 받아 마땅하다고 생각하는 잘못된 신념체계에 빠지지 않도록 해야 합니다.

[동반 의존이 갖는 이런 현상을 논하기 어렵게 하는 것은 이 땅의 삶이 다층적 경험을 갖고 있기 때문입니다. 인종적, 문화적, 종교적, 성적 차별이나 폭력을 경험했던 사람들은 희생양 신념을 갖고 있습니다. 역사적인 인간 경험의 차원에서 보면 모든 인간은 동반 의존을 야기한 조건의 희생자들이었습니다. 거의 모든 진술은 어떤 차원에서 보면 거짓처럼 보이지만, 또 다른 차원에서 보면 진실일 수 있습니다. 그러므로 분별을 사용하여 다양한 차원의 경계들을 인식하는 것이 중요합니다.

다음 5부에서 나는 이 세상 삶의 경험에 대한 우주적 관점과 우주적 완전을 논하면서 실재의 다층적 차원을 갖고 있는 인간의 역설과 혼돈을 논의할 것입니다. 앞서 2부와 4부에서 나는 영적 성장 과정과 그 과정에 대한 우리의 관점을 논의하였습니다. 우주적 관점을 일상의 삶의 경험에 통합하지 않았다고 해서 우주적 관점이 엉망이 되지는 않습니다.

우리의 관계에서 통합과 균형을 이룸으로 삶을 좀 더 쉽게 향유할 수 있도록 하기 위해서는 우리가 참여하고 있는 영적 진화 과정과의 관계에 주목하고 분명히 할 필요가 있습니다. 영적인 성장을 위해서 희생양 정서와 비난의 신념체계를 흘려보내십시오.]

앞서 말씀드렸듯이, 치유의 목표는 완전하게 되는 것이 아니고 "치유되는 것" 이 아닙니다. 치유는 목적지가 아니라 하나의 과정입니다. 우리의 인생에서 완전한 치유란 없습니다.

여기서 목표는 우리가 치유를 경험하는 동안 삶을 좀 더 쉽게 즐기는 것입니다. 목표는 살아가는 것입니다. 순간순간 시간의 대부분을 행복과 기쁨과 자유를 만끽하면서 살아가는 것입니다.

매 순간 자유와 행복한 삶을 위해서는 진리를 보거나 듣게 될 때 진리를 인식할 만큼 충분히 우리의 관점을 변화시켜야 합니다. 우리는 영적 존재들입니다. 영적 존재인 우리는 완전히 인간으로서 경험합니다. 인생에는 우연, 우연의 일치, 실수란 없습니다. 그러니 비난 받아야 마땅한 일도 없습니다.

인생은 존재하고 향유하는 것입니다. 그러나 우리의 인생에 대해 스스로 판단하고 부끄럽게 여긴다면, 자신이나 다른 사람들을 비난한다면, 우리는 결코 우리의 존재를 향유할 수 없습니다.

무능력

동반 의존에 대해 우리는 어떤 힘도 발휘할 수 없습니다.

우리가 선택했다는 사실을 인식하지 못한다면 우리가 선택한 것이 아닙니다.

우리가 "아니오 !" 라고 말하는 것을 인식하지 못한다면, 우리는 "예 !" 라고 말한 것이 아닙니다.

우리는 달리 다른 것을 할 수 있는 힘이 없습니다. 그동안 우리는 우리가 갖고 있었던 도구를 갖고서 우리가 아는 최상의 것을 했습니다. 우리 중 누구도 인생을 위해 다른 역사를 쓸 힘을 가지지 못했습니다.

우리는 과거를 슬퍼할 필요가 있습니다. 우리가 자신을 유기하고 학대했던 방식들에 대해서, 우리가 자신을 허용하지 않았던 방식들에 대해서 슬퍼할 필요가 있습니다. 우리는 그 슬픔을 나의 것으로 품을 필요가 있습니다. 그러나 한편으로는 그것 때문에 우리를 비난하는 것을 멈출 필요가 있습니다. 그것은 정말이지 우리의 잘못이 아닙니다.

우리는 달리 어쩔 도리가 없었습니다.

우리가 계속 죄책감에 사로잡혀 수치를 느끼고 있다면, 이는 어떤 단계에서 우리가 힘을 갖고 있었다고 생각하는 것입니다. 다르게 행동했더라면, 그것을 "바르게" 했더라면, 우리가 "옳은" 것을 말했더라면, 그것을 통제할 수 있었을 것이고 그 결과 원하는 결과를 얻었을 것이라고 생각합니다.

당신의 질병을 당신에게 말해주고 있는 것은 바로 당신입니다.

자신에게 사랑받을 수 없고, 가치가 없으며, 그런 대우를 받을 자격이 없다고 말하는 당신이 바로 질병입니다. 그 질병은 당신이 어떻게 행하는 것을 알아 당신을 계속 지배하고자 합니다.

우리는 "-보다 더 좋은 것" 은 아닙니다. 우리는 또한 "-보다 덜한 것" 도 아닙니다. "-보다 더 좋은 것" 이라는 메시지는 질병으로부터 옵니다.

우리는 모두가 행복해야 마땅한 신의 자녀들입니다.

그러므로 지금 바로 자신에 대해서 충분히 행복하지 않다고 치유될 수 없다고 판단하고 있는 것이 바로 당신의 질병입니다. 지금 당신에게 속삭이고 있는 질병을 향해 '꺼져 버려!'라고 말해주십시오.

당신을 판단하고 있는 목소리는 당신이 아니고 당신의 일부일 뿐입니다. 우리는 우리의 일부에게 힘을 실어주는 것을 멈출 수 있습니다. 우리는 자신의 희생양이 되기를 멈출 수 있습니다.

회복은 자신에 대해 용서하기를 배우는 과정이며 자신에 대해 교정하기를 배우는 과정입니다. 그것은 우리의 잘못이 아닙니다.

그러나 치유는 우리의 책임입니다. 오늘 당신은 선택이 앞에 놓여 있음을 압니다. 당신은 당신을 도울 자료와 집단과 도구들이 있음을 압니다. 그렇지 않다면 당신은 이 책을 읽지도 않았을 것입니다.

당신의 질병은 지속적으로 치유를 받을 필요가 없다고 변명해왔습니다. 그 사실에 대해 당신을 판단하지 말고 있는 그대로 관찰해보십시오. 당신 자신에게 말하십시오. "오. 이건 재미없는 일이야. 나는 더 이상 불평을 원하지 않아." 아니면 당신은 이렇게 말할 수도 있습니다. "아니. 여전히 부정적인 것이 나에게 효과적이네. 한 동안 이대로 살면 될 거야." 어떤 것이든 당신을 행복하게 할 것입니다. (그러나 기억하세요. 당신이 당근을 좇지 않는다면, 우주는 채찍을 사용할 것입니다.)

우리가 자신을 판단하고 부끄럽게 여기는 한, 질병에 힘을 실어주고 있는 것입니다. 자신을 삼키고 있는 괴물을 키우고 있는 것입니다.

우리는 책임을 지되, 비난할 필요는 없습니다. 느끼고 그 느낌을 존중하되, 느낌의 희생양이 될 필요는 없습니다.

우리는 내적 아이를 구하고 양육하며 사랑할 필요가 있습니다. 그리고 내적 아이가 삶을 지배하는 것을 멈추게 해야 합니다. 아이가 버스를 운전하는 것을 멈추게 하십시오. 아이가 운전을 하거나 차 안을 지배해서는 안 됩니다.

아이는 폭력을 당하거나 유기되어서도 안 됩니다. 그런데 우리는 이 일을 퇴행적으로 해 왔습니다. 우리는 내적 아이에게 폭력을 가하고 유기했습니다. 우리 내면의 어두운 곳에 저들을 가두어 두었습니다. 동시에 이 아이들에게 버스를 운전하게 하였고 아이들의 상처가 우리의 삶을 지배하게 했습니다.

자아-자기로부터 우리가 이전에 했던 것과는 다른 것을 할 수 없었습니다. 자아-자기를 갖고는 이 질병을 치유할 수 없습니다. 영적 자기, 영적인 소통을 통해서 우리는 우주 안에 있는 힘에 닿을 수 있습니다.

우리는 간절한 소원이 있어야 합니다. 자기-정직의 새로운 세계에 이르려는 간절한 소원, 부끄러움을 주는 내적인 목소리보다는 사랑의 내적 목소리에 귀를 기울이고자 하는 간절한 소원, 감정적 상처들을 치유하는데 따라오는 두려움을 직면하고자 하는 간절한 소원이 있어야 합니다.

동반 의존은 우리로 하여금 왜곡되고 억압된 감정의 과정을 갖게 합니다. 이를 벗어나는 유일한 길은 느낌을 통해서입니다. 동반 의존은 찌그러진 생각과 뒤죽박죽된 역기능적 방식으로 우리 자신과 세계를 바라보게 합니다. 따라서 우리는 태도를 바꾸고 생각을 돌이킬 수 있는 놀라운 도구를 사용할 수 있어야 합니다.

듣기에 굉장히 복잡한 듯합니다. 그렇지 않나요?

복잡하게 들리는 것은 복잡하기 때문입니다.

그러나 차원을 달리해서 보면 아주 단순합니다. 동반 의존은 영적 질병입니다. 영적 질병은 영적인 회복을 통해서만 치유될 수 있습니다. 증상을 보는 것만으로는 치유될 수 없습니다. 그것은 퇴행에 불과합니다.

치유는 우리의 통제를 지고의 힘에 내려놓는 것을 통해 이루어집니다. 우리는 독자적으로 치유할 수 없습니다. 우리는 삶 안에서 사랑이 넘치는 지고의 힘을 필요로 합니다. 삶에서 회복을 가져다주는 다른 사람들을 필요로 합니다.

인간의 자아-자기의 차원에서 보면 우리는 무능하여 이 수렁에서 빠져 나올 수 없습니다. 이것은 슬픈 소식입니다. 그러나 동시에 이것은 좋은 소식이기도 합니다.

일단 이것이 얼마의 시간이 걸리든 어디로 향하든 무엇을 얻든 당신의 삶에서 제일 우선적인 것은 치유를 얻는 것이라고 결정하게 되면 당신은 영적인 안내를 받을 수 있습니다. 당신은 필요할 때 당신에게 필요한 도구를 얻을 수 있습니다. 당신은 필요할 때 사랑과 도움을 주는 사람들이 당신의 삶에 찾아올 것입니다. 치유를 가져오는 변화에서 빠르고 분명한 진보를 시작할 것입니다.

우리의 무능은 우주의 다른 차원에서 보면 능력입니다. 내면의 자유이고 행복이며 평화입니다. 우리의 무능은 우주의 다른 차원에서 보면 기쁨이고 사랑입니다.

대답은 무능과 싸우는 것을 멈추고 영적 힘에 우리의 무능을 내려놓는 것입니다. 당신은 행복할 자격이 있고 사랑받을 자격이 있음을 인정하는 것입니다.

자아의 죽음

우리는 인생을 통제할 수 있다는 환영을 흘려 보낼 필요가 있습니다. 우리는 인생을 통제할 수 없습니다. 결단코 통제할 수 없습니다. 인생을 통제할 수 있다고 생각하는 것은 환영입니다. 스스로를 나쁘고 수치스럽다고 생각하는 거짓된 신념 체계를 흘러 보내십시오. 우리의 일부가 나쁘거나 수치스러운 것이라고 생각하는 한 우리는 온전할 수 없습니다.

여기에는 내면의 균형을 잃고 떠도는 자아가 포함됩니다. 우리의 자아들에 대해 신께 감사드리십시오. 자아들은 우리를 생존하게 했습니다. 동반 의존에 대해 신께 감사하십시오. 동반 의존이 없었더라면 우리는 살아있을 수 없었을 것입니다. 그러나 이제는 삶에 균형을 이루어야 할 시간입니다. 자아-자기를 영적 자기와 방향을 맞추어 균형을 이루어야 할 시간입니다.

이것이 "자아의 죽음"이라 알려진 변화입니다. 성 프란치스코는 평화의 기도에서 "자아를 버리고 죽음으로써 영생을 얻기 때문입니다." 라고 기도했습니다. 여기서 죽음은 신체적인 죽음이 아니라 우리를 영원한 생명의 진리로 깨어나도록 하는 자아의 죽음을 뜻합니다.

자아의 죽음은 하나의 사건이 아니고 과정입니다. 폭력의 행위가 아니고 사랑의 행위입니다. 바로 사랑하기를 배우는 과정입니다.

우리는 자아-자기를 영적 진리에 조율하고 있습니다. 우리는 삶의 완전함과 행복을 찾기 위해서 우리의 영적인 본성과 영적인 목표에 다시 연결하고 있습니다.

우리의 목적

우리는 영적 존재들로서 지금 이곳에서 몸을 입은 채 치유를 바라고 있습니다.

나쁜 소식은 우리가 모든 것을 퇴행적으로 살아왔기 때문에 세상이 진짜 쓰레기가 되었다는 것입니다. 그러나 좋은 소식은 이 과정이 신의 각본이었고 이제 치유가 시작되었다는 것입니다.

개인적으로 좋은 소식은 춤이 변하고 있으며 이제 치유와 기쁨이 우리에게 가능하게 되었다는 것입니다. (감정의 시각에서 보면) 개인적으로 나쁜 소식은 이 치유를 위해서 우리에게 애도과정이 필요하고 우리의 느낌들을 느낄 수 있는 과정이 필요하다는 것입니다. 예컨대 블랙홀을 지나야 한다는 것입니다.

이런 이유에서 우리는 몸을 입고 이 땅에 왔습니다. 블랙홀을 지나 치유를 얻기 위해서 몸을 입고 이 땅에 왔습니다.

이제 당신이 이 사실을 기억할 때가 도래했습니다. 지금은 잠에서 깨어날 시간입니다. 이것은 처음도 아니고 마지막도 아닙니다. 그러나 이 책을 오늘 읽은 것은 우연이거나 우연의 일치가 아닙니다.

돈, 직업, 관계를 목표와 의미로 삼지 마십시오. 지구에서 시작된 치유의 변화 과정에 참여하고자 우리는 여기에 서 있습니다. 자신과 상처 입은 영혼들과의 관계를 치유하기 위해서 우리는 여기에 서 있습니다.

퇴행적으로 삶을 살아가는 것을 멈추십시오. 무죄한 아이를 수치스럽게 하고 학대하는 것을 멈추십시오. 무죄한 어른아이를 판단하고 비난하기를 멈추십시오. 이제 당신 스스로 사랑하기를 시작하십시오.

우리는 인간의 경험을 갖고 있는 영적 존재들입니다.

우리는 애벌레의 경험을 갖고 있는 나비들입니다.

우리는 못생긴 오리새끼의 경험을 갖고 있는 백조들입니다.

우리는 용을 살해하지 않고 용을 사랑하고 그 크기를 작게 할 것입니다.

사랑이 이 전쟁의 비밀 병기입니다. 자신을 사랑하기를 배우고 신적인 힘이 우리를 사랑한다는 것을 기억할 때, 내면에 평화가 임할 것입니다.

이번 장을 맺으면서 나는 12단계 모임에서 들었던 이야기 하나를 나누고자 합니다. 이 이야기는 엄마와 아이에 대한 이야기입니다.

엄마는 해야 할 일로 바빴고 아이는 심심하여 누군가의 주목을 받고 싶었던 때가 있었습니다. 엄마는 일에 집중해야 했기 때문에 해야 할 일을 마치는 동안 잠시 아이의 관심을 돌릴 수 있는 어떤 것을 찾고 있었습니다. 두리번거리다가 엄마는 잡지 안에 접혀진 세계 지도를 발견했습니다. 엄마는 세계 지도를 잡지에서 오려 낸 다음 다시 지도를 여러 조각으로 오렸습니다. 그리고는 아이에게 스카치 테입을 주면서 "우리 예쁜 아가야! 이 조각들을 모아 지도를 조합해보렴?" 했습니다.

아이는 좋아라하며 지도를 조합하기 시작했습니다. 엄마는 아이가 주어진 과제를 완성하면서 의미 있는 시간을 보낼 것이라고 확신했습니다. 그러나 몇 분 안 있어 아이는 지도를 다 완성하고는 엄마를 불렀습니다. 엄마는 믿을 수 없다는 표정을 지으며 아이가 있는 위층으로 올라가보니 놀랍게도 지도를 다 맞추어 놓았습니다.

엄마가 물었습니다. "어떻게 이렇게 빨리 지도를 완성했니?"

아이는 주저하면서 말했습니다. "음. 내가 좀 머리를 썼지. 세계 지도 뒷면에 사람의 사진이 있잖아. 그래서 사람의 모양을 따라 조각을 맞추었더니 자연스럽게 세계 지도가 맞추어 지더라고요."

이것이 바로 회복의 과정에 대한 것입니다. 우리가 우리 스스로를 잘 맞추는 일에 주목하면 세계는 저절로 스스로를 돌볼 것입니다.

진리를 알게 될 것이요,

진리가 너희를 자유롭게 할 것이다.

(요한복음 7:32)

이리가 어린 양과 함께 살며,

표범이 새끼 염소와 함께 누우며,

송아지와 새끼 사자와 살진 짐승이

함께 풀을 뜯고,

어린 아이가 그것들을 이끌고 다닌다.

(이사야서 11:6)

신께서는

내가 바꿀 수 없는 것을 평온함 가운데

받아들일 수 있는 은총을.

바꿀 수 있는 것을

바꿀 수 있는 용기를,

그리고 이 둘 사이의 차이를

분별할 수 있는 지혜를 허락하셨습니다.

평온함의 기도

제5장

우주적 관점

우리는 통합과 균형을 통해서 동반 의존의 춤을 회복의 춤으로 바꾸고 내면의 용을 길들입니다. 이 중의 하나는 우리를 고정시키고 온전하게 하는 왕자나 공주를 찾는 역기능적 기능을 멈추는 것입니다.

왕자와 공주는 내면에 존재합니다. 과시와 행위의 남성적 기운을 가진 왕자와 창조성과 양육이라는 여성적 기운을 가진 공주는 완전한 균형과 조화 가운데 우리 안에 존재합니다. 이들은 언제나 완전한 균형과 조화를 이루었고 이룰 것입니다.

앞서 말했듯이, 우리는 깨어진 것이 아니며 고쳐질 필요가 없습니다. 치유되어야 할 것은 우리와 우리 자신과의 관계입니다. 부서지고 깨어져 조각난 것은 진정한 자기가 아니라 자기감입니다. 회복은 완전한 균형과 조화로 깨어나는 것이고 의식하는 것이며, 은총의 상태를 받아들이는 것이고, 진리를 삶으로 통합하는 것입니다.

깨어졌다는 느낌은 사실이 아닙니다. 그것은 환영입니다. 역기능은 환영의 결과입니다. 동반 의존이란 질병은 환영으로 야기된 것입니다.

인간의 경험 안에 있는 모든 아픔의 시작인 원 상처, 곧 동반 의존이 생겨난 원 근거는 우리가 신과 창조자로부터 분리되었다는 환영입니다.

우리는 분리된 것이 아닙니다. 분리된 적이 없었습니다. 그러나 지구의 삶의 조건 때문에 분리되었다고 느끼는 것입니다. 지구의 삶의 조건은 인간됨을 하나의 징벌처럼 느끼게 했습니다.

창조적 근거로부터 분리되었다고 느끼는 믿을 수 없는 아픔은 어떤 아픔보다도 가장 큰 아픔입니다.

원 상처는 신으로부터 버림을 받았다는 느낌입니다. 창조자로부터 배반을 당했다는 느낌입니다. 이는 우리 존재의 근거인 우주의 창조적 지성이 우리를 버렸다는 느낌입니다. 이 느낌이 인간들로 하여금 벌을 받기에 충분할 만큼 수치스런 어떤 일을 했다고 확신하게 합니다.

우리가 경험하는 인간의 일은 환영입니다. 거대하고 다층적 차원의 홀로그램은 진동하면서 신적인 힘의 상상 속으로 투사해 들어갑니다.

이것이 창조의 꿈입니다. 우리는 창조의 꿈으로부터 깨어나는 과정 가운데 있습니다.

물리학

인간 의식에 빛이 비추기 시작한 치유와 기쁨의 시대에서 놀라운 것 가운데 하나는 의식을 고양시키고 일깨우는데 필요한 도구와 지식이 시대를 넘어 특별히 지난 50년에서 100년 사이에 인간 노력의 모든 영역에서 빠른 속도로 전개되어 왔다는 사실입니다.

나를 가장 놀랍게 하면서 개인적 치유 과정에서 열쇠가 된 것은 바로 물리학의 영역입니다.

아인슈타인의 상대성의 원리와 양자물리학은 우리가 보고 있는 모든 것이 환영이라는 사실을 입증했습니다.

거시적 세계의 우주를 바라보면서 아인슈타인은 자신의 상대성 이론에서 3차원 이상의 세계가 존재한다고 했습니다. 인간의 눈으로는 단지 3차원 세계만을 볼 수 있습니다. 그리고 3차원에 속한 세계만이 존재하는 모든 것이라고 추정합니다.

아인슈타인은 또 시간과 공간은 절대적인 변수라고 말한 전통적인 과학 이론을 뒤집었습니다. 그에 따르면 시간과 공간은 상대적인 경험에 불과한 것입니다.

거시 세계와 아원자적 세계를 연구하는 양자 물리학은 우리가 보는 모든 물리적 세계가 환영임을 입증했습니다.

존재하는 모든 것은 상호작용하는 에너지로 이루어져 있습니다. 에너지는 아원자적 차원에서 아원자적 미립자들이라 부르는 에너지 장들을 형성하기 위해 상호 작용합니다. 아원자적 에너지 장들은 원자적 에너지 장들과 원자들을 형성하기 위해 상호 작용하고, 원자적 에너지 장들과 원자들은 분자들을 형성하기 위해 상호작용합니다.

물리적 세계에서 분리 같은 것은 없습니다.

에너지는 거대하고 역동적인 에너지의 상호 작용을 주기적으로 반복하는 유형을 형성하기 위해 상호 작용하고 있습니다. 달리 말하면 에너지는 춤을 추고 있습니다. 우리 모두는 거대한 에너지의 춤의 일부입니다.

우주는 춤추고 있는 하나의 거대한 에너지 유형입니다.

분리는 환영입니다. 바로 이 순간 당신의 몸에서 매초마다 에너지가 수천 마일을 여행하고 있습니다. 에너지는 당신과 당신이 앉아 있는 의자 사이, 당신과 당신을 감싸고 있는 공기 사이, 당신과 방안에 있는 다른 존재들 사이를 상호 작용하며 운행하고 있습니다.

우리는 분리되지 않았습니다.

물리학자들은 물리 세계에서 분리란 환영임을 과학적으로 입증했습니다. 이들은 전통 과학의 기본적인 모든 가설들이 잘못되었음을 과학적으로 입증했습니다.

우리 모두는 하나의 거대하고 역동적인 에너지 춤의 일부분입니다.

하나 됨이 진리입니다. 이는 물리적인 세계에서 과학적으로 입증된 진리입니다. 또한 하나 됨은 다층적 상호 관계를 통해 다층적 차원에서 입증된 진리입니다.

퍼즐의 모든 조각들은 논리적이고, 합리적이며, 정확하고 과학적이며, 음악적 에너지의 상호 작용의 조율 법칙에 따라 완벽하게 맞춰집니다. 큰 관점에서 삶의 경험을 바라보게 되면 이 사실이 보입니다.

신 안에서 하나라는 신비적 진리는 여러 세대에 걸쳐 깨달은 사실입니다. 이전에는 이 신비적 진리와 인간의 물리적이며 인지적인 실재를 결코 통합할 수 없었습니다.

이제 우리는 그 일을 할 필요가 있는 도구와 지식을 갖게 되었습니다. 영적 진리를 물리적 경험의 실재로 통합하고, 영적 진리에 맞춰 물리적 세계에서 균형의 자리를 찾을 필요가 있는 안내를 갖게 되었습니다.

차원들

이 땅에서 삶의 인식과 관계가 균형을 잃어버린 이유는 우리가 다양한 차원들을 분별할 수 없기 때문입니다. 인간이 삶의 관점들을 비틀고 왜곡시킨 것은 부분적으로는 한 차원의 진리를 다른 차원의 실재에 적용하려 한 결과입니다.

이러한 왜곡된 현상에 대한 여러 예증은 이번 장 서두에 사용했던 원형적 이미지들, 예컨대 왕자와 공주의 이야기에서 소개하였습니다. 상징적으로 말해 왕자와 공주의 이미지는 다양한 차원에서 해석될 수 있습니다.

첫째 우주적 차원에서 보면, 왕자와 공주의 이미지는 창조의 남성적 에너지와 여성적 에너지의 상징들로 이루어져 있습니다. 왕자와 공주의 결혼은 이 차원에서 우주의 여성적 원리와 남성적 원리를 표상하며 음양의 영원한 균형에서 보듯이 이 둘의 완전한 균형과 조화의 연합을 표상합니다. 그러므로 우주적 차원에서 보면 "그 후 영원히 행복하게 살았답니다." 가 진리입니다.

둘째 개인적 차원에서 보면, 이 완전한 연합은 내면에 있는 남성적 에너지와 여성적 에너지의 통합과 균형을 이룬 것을 상징합니다. (영적 진리를 우리의 지성적 감정적 신체적 차원과 통합하고, 지성과 감정, 이성과 직관, 느낌과 사유의 균형을 이루는) 내면에 남성성과 여성성의 통합과 균형을 추구하는 과정은 우리로 하여금 자신과 또 삶과 관계에 있어서 어떤 균형과 조화를 찾도록 합니다. (의식하지 못한다 하더라도 12단계 프로그램이 개인의 삶에 가져다주는) 통합과 균형을 향한 이 노력은 우리로 하여금 대부분의 순간을 행복하고 기쁘며 자유로울 수 있는 곳으로 나아가게 합니다. 그러므로 이 차원에서 "이후로 행복하게 살았답니다." 라는 진리가 어느 정도 존재합니다.

셋째 이 땅에서 상호 관계로 드러나는 여성의 원리와 남성의 원리의 균형은 개인의 차원에서 치유를 가져오는바 세계로 하여금 평화 가득한 환경이 되게 할 것입니다. (여성의 원리와 남성의 원리는 언제나 완전하게 균형을 이루어 왔지만 아직도 인간의 상호작용으로 통합될 필요가 있습니다.) 다시금 여기서도 "이후로 행복하게 살았답니다." 라는 진리가 존재합니다.

넷째 또 다른 차원은 영적 진화 과정의 절정에 이르렀을 때 각자가 우리의 쌍둥이 영혼과 하나가 되어 업보와 아픈 교훈을 끝내는 영적 진리와 관계합니다. 이로써 우리는 '이후로 행복하게 살았답니다.' 라고 할 수 있습니다. 말하자면, 우리는 기쁨과 지복의 상태에서 영원한 존재를 의식적으로 깨닫게 됩니다.

그러므로 앞서 말한 네 차원들의 관점들에서 보면 "이후로 행복하게 살았답니다."가 어느 정도 진리를 내포하는 개념입니다. 그러나 당신이 결혼을 하거나 배우자를 찾았을 때 "이후로 행복하게 살았답니다."를 이루게 될 것이라는 생각에서 이 진리를 물리적인 차원에 적용해 보면 분명 여러 차원들 사이의 분별할 수 없는 인간의 무능력으로 인해 이 진리가 거짓되고 역기능적인 신념체계인 것을 알게 됩니다.

인간은 물리적인 차원을 영적인 차원에 적용하려고 노력해왔습니다. 그러나 그 결과는 인간이 신적인 힘의 상image과 싸우는 재앙에 가까운 결과로 끝났습니다. 호전적인 남자의 성격을 지닌 신적인 힘의 상은 균형을 이룬 남자 전사의 상이 아니며 여성의 측면을 갖고 있지 않은 남성의 상이기 때문에 완전히 균형이 무너진 것입니다.

앞서 말했듯이 모든 것 안에는 어느 정도의 진리가 있습니다. 남성적인 창조적 힘의 상 안에는 어느 정도의 진리가 있습니다. 남성 에너지는 물질화를 지배하며 창조는 물질화의 행위입니다. 그러므로 창조는 남성적인 행위였습니다. 그러나 남성적 신의 상이 간과한 것은, 창조적 행위가 남성적임에도 불구하고, 창조적 충동urge은 여성적이라는 사실입니다. 창조의 행위가 아버지의 것인 남성적 물질화일지라도, 창조적 행위에 앞서 (여성적인) 충동이 존재했습니다. 이 말은 여성적인 원리나 어머니 혹은 여신의 기원이 남성적 기운에 선행했다는 뜻입니다.

다양한 실재의 차원들을 분별할 수 없기 때문에 (또한 지구적인 조건 때문에)

여러 종교적 스승들은 설명할 수 없는 것을 설명하기 위해 본래 상징적이고 은유적이며 알레고리적인 것들을 비틀고 왜곡하며 이상하게 포장하여 잘못된 해석을 했습니다.

(균형이 깨짐으로써 미신이 지배하게 된 이전 시대의 극단에 대응하여) 서구의 문명은 다층적인 실재의 차원들이 존재한다는 것을 깨닫지 못했습니다. 그 결과 합리적, 논리적, 구체적인 좌뇌적 사유로 지나치게 향함으로써 균형을 잃게 되었습니다. 우리 눈에 보이는 세계가 3차원의 세계이기 때문에 이 3차원적 세계에 어울리지 않는 것은 실재하는 것이 아니라고 간주했습니다. 그러므로 서구 사유에 따르면 초자연적인 것은 논리적으로 존재하지 않으며 상상이며 미신일 뿐입니다. 때문에 초자연적인 것을 믿는 사람은 미친 사람인 것입니다.

감정의 에너지를 볼 수 없고 측정할 수 없으며 무게를 달수도 없고 의사협회가 인가한 것도 아니기 때문에 사람들은 감정을 무시하고 간과했습니다.

서구 문명은 3차원의 구조라는 단일한 시각에 맞지 않는 것을 간과했습니다. 그 결과 실재의 다층적 차원들을 비틀고 왜곡하며 곤경에 빠뜨렸습니다. 또한 이 엄격한 합리적 관점에 도전하는 개인과 집단을 수치스럽고 우스꽝스러운 것으로 만들어 박해했습니다.

동시에 서구 문명은 "사랑은 수치스러우며 조작적이다."와 "신은 전쟁하는 남자다." 같은 이상하고도 비합리적인 개념들 위에 서 있습니다.

역설

우리가 진리를 분별하고 쓰레기를 버리기 위해서는 다층적 실재의 차원들이 존재하는 것을 깨닫고 우리의 감정의 과정을 분명히 해야 합니다.

초자연적 현상들이 존재합니다. 자연적인 3차원의 시각 너머 다른 실재의 차원들이 존재합니다. 이 환상은 모든 것이 상호 관계되며 상호 의존되어 있다는 다층적 환상의 차원들을 포함합니다. 직접적이든 간접적이든 상징적이든 어떤 의미에서든 존재하는 모든 것은 서로를 비춰주는 거울reflection들입니다.

존재하는 모든 것은 상호 의존적이며 상호 관계적입니다. 우리 밖에 존재하는 모든 것들은 우리 내면에 있는 것의 거울입니다.

우리가 다른 시각, 곧 좀 더 높고 큰 차원에서 실재를 보면 우리가 비극으로 인식했던 것이 더 완전한 계획과 부합됨을 보게 됩니다. 더 큰 그림이나 긴 여정에서 보면 완전한 그림이 됩니다. 그러므로 우리는 퍼즐의 조각들이 어떻게 짜 맞춰지는지를 이해할 수 있습니다.

12 단계의 회복 과정이 성공적일 수 있는 것은 이 과정이 다층적 차원들을 통합하게 하는 공식을 제공하기 때문입니다. 자아-자기에 기초한 삶의 경험을 통제할 수 없다는 것을 인식함으로써 우리는 참 자기 곧 영적 자기에 기초한 힘에 다가갈 수 있습니다. 자아 통제의 환영을 포기함으로써 우리는 우리의 더 높은 자기들과 연결될 수 있습니다. 자아-자기에 기초한 이기심이 지구를 파괴하고 있습니다. 그러나 영적 자기에 기초한 사랑은 지구를 구원할 것입니다.

실재는 여러 차원이 있기 때문에 삶이란 본래 역설입니다. 영적 자기에 기초한 사랑처럼 한 차원에서 참이고 긍정적인 것이 자아-자기에 기초한 이기심처럼 다른 차원에서는 부정적일 수 있습니다. 애벌레가 세상의 끝이라고 한 시점에서 나비의 삶이 시작됩니다.

인간의 삶은 역설입니다. 모든 종말은 새로운 시작으로 이어집니다. 먹구름 뒤로 구름을 둘러싸고 있는 은빛이 있습니다. 한쪽 문이 닫혀 있으면 다른 쪽 문이 열립니다. 새벽이 오기 전이 가장 어두운 시간입니다. 방해는 인생의 선물이고 문제는 성장을 위한 기회입니다.

삶은 역설로 가득합니다. 삶이 모순처럼 보이는 것은 삶의 실재가 다층적 차원을 갖고 있기 때문입니다. 삶의 실재에 다층적 차원이 있음을 이해하고 인식하게 될 때 삶의 역설을 해명할 수 있고 어떻게 모든 조각이 완벽하게 조합을 이루는지 볼 수 있습니다.

치유 과정 초기에 내가 보았던 선물 가운데 하나는 내 관점의 변화를 도운 작은 표현이었습니다. 그것은 "나는 어떤 문제도 갖고 있지 않다. 문제처럼 보이는 것은 성장을 위한 기회일 뿐이다."라는 표현이었습니다. 문제와 장애에 눈길을 주는 것을 멈추고 문제와 장애에 뒤따라오는 선물과 교훈을 추구하자 삶이 쉬워졌습니다.

나는 문제의 희생자가 되는 대신에 해법을 경험하는 자가 되었습니다. 잔이 반쯤 비어있다는 것을 보는 대신 잔이 반쯤 차 있는 것을 보기 시작했습니다.

나의 잠재의식적인 동반 의존적 태도와 관점은 나로 하여금 삶을 개인적으로 접근하여 삶의 사건들이 가치도 없고 수치스러운 피조물인 나를 벌하는 것처럼 반응하게 했습니다.

그러나 삶은 계속되는 교훈들로 이루어져 있습니다. 나에게 성장을 위한 선물이 주어졌음을 인식하고 삶의 목적이 나를 벌하는 것이 아니라고 생각할 때 삶은 더욱 쉬워집니다.

모든 것에는 이유가 있습니다. 먹구름 뒤로 언제나 구름을 둘러싸고 있는 은빛이 있습니다.

은빛

이제 나는 외부적인 것은 내면의 치유가 필요한 것을 반영하는 것임을 보여주는 한 예를 소개하고자 합니다. 예컨대 퍼즐의 조각이 어떻게 조합이 되는지, 가장 어두운 구름 뒤로 은빛이 그 구름을 둘러싸고 있음을 보여주는 한 예를 소개하고자 합니다.

우주적 관점에서 보면, 지난 15년 혹은 16년 동안 영적 질병(불-편함)을 새롭게 이해하면서 신체적 차원의 질병을 통해 문제를 선물로 보게 된 것은 우연이 아니었습니다.

내가 여기서 말하는 것은 후천성 면역 결핍증AIDS에 대한 것입니다.

인간적인 측면에서 보면, 에이즈는 큰 비극이고 심각한 불의입니다. 그러나 좀 더 큰 관점에서 본다면 에이즈가 어떻게 퍼즐을 맞추고 있는지 볼 수 있습니다. 우리는 은빛을 볼 수 있습니다. 에이즈의 비극이 선물을 가져다주었습니다.

개인적인 차원에서 보면, 에이즈는 이생에서 에이즈를 갖고 사는 영혼들에게 치유, 영적 각성, 인과응보의 해법의 기회를 제공했습니다.

그러나 사회와 같은 좀 더 큰 정황에서 보면, 에이즈는 죽음과 죽음의 과정을 가까이에서 보게 했습니다. 에이즈는 어둠뿐인 죽음에 머물지 않고 죽음의 궁극성을 생각하게 했습니다. 이는 다른 질병과는 달리 죽어가는 과정을 어둠에서 빛으로의 과정으로 보게 했습니다.

또한 에이즈는 애도과정에 대해 더 많이 배우도록 했습니다. 예컨대 애도과정이 지닌 소중한 가치를 다시 배우도록 했습니다.

가장 중요하게는 개인적인 차원에서 에이즈는 신체적 친밀감으로 감정적 친밀감을 대신하지 못하도록 했습니다. 성을 통해 우리의 감정적 욕구를 충족시키려는 노력은 허사가 되었습니다. 이것은 역기능적입니다. 인간의 성은 감정, 지성, 영성이 균형을 이루게 될 때 복된 선물이 됩니다. 감정적으로 정직하지 못한 사회는 참으로 건강한 감정적 친밀감을 알지 못합니다. 에이즈의 비극은 우리로 감정적 친밀감을 학습할 수 있게 했습니다.

에이즈의 불의함이 가져다준 이 선물들 외에 에이즈는 우리가 치유하고 있는 모든 질병의 직접적인 반영임을 보여주고 있습니다.

에이즈는 신체의 면역체계인 방어체계가 부서져서 역기능이 된 질병입니다. 그 결과 신체의 방어체계가 오히려 신체의 파괴를 돕고 증가시키는 질병입니다.

동반 의존은 존재의 방어체계가 역기능이 된 질병으로서 마음을 부수고, 사랑받고 사랑받을 수 있는 능력을 파괴하여 우리의 영적 자기에 다가가지 못하게 함으로써 우리의 영혼에 상처를 주며, 생각을 철저히 휘저어 생각이 우리의 존재의 가장 끔찍한 적이 되게 합니다.

에이즈는 신체를 절단하고 죽음으로 몰아갑니다.

동반 의존은 영혼과 영을 절단하고 내면의 죽음 주위를 돌게 하여 결국은 신체적 죽음을 야기 시킵니다.

에이즈가 치명적인 몸의 질병이라면, 동반 의존은 치명적인 영과 몸의 질병입니다.

존재하는 모든 것들은 상호 관계되어 있고 상호 의존적입니다. 바깥에 존재하는 것들은 내면의 존재를 반영한 것입니다. 모든 퍼즐의 조각들은 조합이 됩니다.

여름 캠프

앞서 말했듯이, 동반 의존은 종의 신체적인 생존에서 기능하는 방어체계입니다. 신체적인 생존이 최우선이라면 동반 의존을 피할 수 없습니다. 그러나 이제 지구의 상황이 변화했습니다. 신체적 생존은 더 이상 최우선이 아닙니다. 죽음과 마찬가지로 신체적 존재는 하나의 환영입니다.

감정적 아픔을 극복하기 위해서는 무의식의 세계에 들어가야 합니다. 부정이라는 생존의 도구에 대해 우리는 신께 감사해야 합니다. 부정이 없다면 우리는 이 세상 사람이 아닐 것입니다. 앞서 말했듯이 동반 의존의 감정적이고도 행동적인 방어체계에 대해 신께 감사해야 합니다. 동반 의존이 없었더라면 우리는 생존할 수 없었을 것입니다.

그러나 이제 치유와 기쁨의 시대가 인간 의식에 도래했습니다. 우리의 최우선은 영적인 각성입니다.

이 치유의 과정이 바로 우리가 여기에 존재하는 이유입니다.

오늘 우리가 여기에 존재하는 것은 우리의 영적 본성과 영적 목적의 의식으로 깨어나기 위해서입니다.

지금은 각성의 시대이고, 의식의 고양의 시대이며, 신적 진리와 하나가 되는 시대입니다. 이 시대는 사랑, 빛, 진리, 기쁨의 더 높고 살아있는 감정의 에너지에 관심을 갖고 이 에너지를 살려내야 하는 시대입니다. 더 높은 살아있는 감정의 에너지는 우리를 집으로 안내하는 표지입니다.

이 땅에서 편안하게 느끼지 못하는 것은 다 그 이유가 있습니다. 우리가 단절되었다고 느끼기 때문이고, 전화를 다시 연결하면서 잘못된 번호를 누르고 있기 때문입니다. 대답을 밖에서 찾고 있기 때문입니다.

여기는 집이 아닙니다. 그렇다고 여기가 감옥도 아닙니다. 여기는 기숙사이고 우리는 졸업을 준비하고 있습니다. 이 땅은 신적 대본의 완전한 내용입니다.

우리는 인간의 진화 과정을 경험하기 위해 여기에 존재합니다. (영적 존재인) 우리가 누구이며 (인간됨을 경험하기 위해서) 왜 여기에 존재하는지 깨달아 돈, 재산, 유산, 사람들, 장소들, 물건들이라는 거짓 신들에게 힘을 실어주기를 멈출수록 우리는 더욱 더 여기 존재하는 것을 축하할 수 있습니다.

붓다는 50%의 진리를 갖고 있었습니다. 우리는 환영에 집착하는 것을 내려놓아야 합니다. 환영에 힘을 실어주기를 멈추었을 때 우리는 비로소 여기에 존재하는 것을 축하하고 인간의 경험을 향유할 수 있습니다.

이 땅은 경기장이고 추억을 만드는 여름 캠프장입니다. 이 땅은 아름다운 색, 경이로운 경치, 동물, 새, 식물, 산, 대양, 목장, 고래, 나비들로 가득합니다. 이 땅은 맛, 냄새, 소리, 감각으로 충만합니다.

촉감의 선물은 믿을 수 없을만큼 경이로운 선물입니다. 우리가 여기에 존재하는 이유 중의 하나는 영적, 감정적, 정신적으로 뿐 아니라 몸으로 서로를 만지기 위해서입니다. 만지는 것은 나쁜 것도 아니고 수치스러운 것도 아닙니다. 창조자께서 육체적이고 성적인 경이로운 감각을 준 것은 이상하고도 가학적인 삶의 시험을 피하라고 한 것이 아닙니다. 육체와 영이 통합될 수 없고 인간의 욕망과 욕구를 추구하는 자를 벌한다는 신 개념이나 신념은 내 생각에서 볼 때 슬프도록 비틀리고 왜곡된 거짓개념입니다. 이는 사랑이 넘치는 신적인 힘의 진리와는 정반대입니다.

우리는 관계에서 균형과 통합을 추구할 필요가 있습니다. 건강하고 적절하며 정직한 방식으로 감정이 담긴 촉감을 필요로 합니다. 그래야 인간의 몸을 존중할 수 있습니다. 몸의 접촉은 인간에게 주어진 선물입니다.

몸을 나누는 사랑은 우주의 남성 에너지와 여성 에너지의 축하이자 이를 존중하는 방식입니다. 사랑은 남성과 여성의 완전한 통합이면서 조화를 존중하는 방식입니다. 성은 창조적 근거를 존중하는 축복받은 방식입니다.

몸을 가진 존재의 가장 축복되고 아름다운 선물들 가운데 하나는 육체를 경험할 수 있는 능력입니다. 우리는 인간적인 것을 퇴행적으로 생각하였기에 죄책감과 수치감이 없는 상태에서 우리의 몸을 향유하는 즐거움을 상실했습니다. 통합과 균형을 추구함으로써 우리는 감정적이고 정신적이며 영적인 차원에서 뿐 아니라 육체의 차원에서도 인간의 경험을 향유할 수 있습니다.

회복의 춤을 배우고 진리의 에너지로 향할 때 우리는 인간 됨의 감정적 경험을 바꿀 수 있습니다. 그리함으로써 대부분의 시간 동안 우중충한 감옥이 아니라 생명이 넘치는 여름 캠프의 삶을 경험할 수 있습니다.

분자 생물학

우리는 인간의 일을 퇴행적으로 해왔습니다. 그 이유는 이 땅에서 수만 년 동안 집단적인 인간의 감정 의식이 진리와의 관계를 거꾸로 해 왔기 때문입니다. 이제 더 이상 거꾸로 되어서는 안 됩니다.

앞서 말씀드렸듯이, 우리가 좀 더 큰 시각을 이해할 필요가 있다는 인식이 인간의 역사 모든 영역에서 전개되고 있습니다. 분자 생물학의 영역 또한 마찬가지입니다. 생물학자들은 믿기 어려운 현상을 발견했습니다. 학자들은 이를 형태 발생론이라 하는데, 의식의 에너지 장에 해당합니다. 학자들은 의식의 에너지 장이 동물뿐 아니라 수정과 같은 무생물에도 존재하는 것을 발견했습니다.

롤 왓슨Lyall Watson이라는 생물학자는 이 현상과 관련하여 "백 번째 원숭이 효과hundredth monkey effect"라는 전문 용어를 만들었습니다. 다음은 마이클 탈봇Michael Talbot이 쓴 『양자를 넘어서Beyond The Quantum』에 나오는 이야기인데, "백 번째 원숭이 효과"라는 용어가 어떻게 등장하게 되었는지를 보여주고 있습니다.

왓슨은 큐슈Kyushu 동해안 연안에 있는 고시마Koshima 섬에서 마카카 푸스카타Macaca Fuscata로 알려진 일본 원숭이들 사이에 1950년대 일어난 기이한 사건을 다루고 있습니다. 연구가들은 그 지역에 몇 마리의 원숭이가 사는지 조사하기 위해서 원숭이들에게 고구마를 먹일 계획을 세웠습니다. 그리고는 원숭이를 모으기 위해 트럭 여러 대 분량의 고구마를 해변가에 뿌렸습니다. 그런데 문제가 생겼습니다. 원숭이들이 그 지역의 열매는 좋아하지만 고구마는 본 적이 없었다는 것입니다. 더 큰 난제는 원숭이들이 고구마가 새로운 음식이어서가 아니라 모래와 먼지가 묻었기 때문에 먹기를 꺼려한다는 것이었습니다. 원숭이들은 이제까지 이런 음식을 보지 못했고 모래가 묻은 것을 먹어본 적이 없었습니다.

왓슨의 이야기는 이렇게 전개됩니다. 원숭이들은 개미에 공격을 당한 소풍객들처럼 한동안 그들이 당면한 문제로 고민했습니다. 이 때 임모Immo라 불리는 18개월 된 똘똘한 암컷 원숭이가 이 난제를 해결했습니다. 임모는 먼지가 묻은 고구마를 바다에 던졌습니다. 그러자 고구마에서 모래가 떨어져 나갈 뿐 아니라 소금기까지 더해져 더 맛있는 고구마가 되었습니다. 이 사실을 발견한 임모는 엄마와 친구들에게 이 기술을 가르쳐주었습니다. 점차 코시마 섬의 원숭이 세계에 새로운 습관이 일기 시작했습니다.

그 후 아주 놀랄만한 일이 전개되었습니다. [그런데 다음에 일어난 일에 대해서는 자세히 소개되지 않고 있습니다. 그 이유는 연구가들이 밝히게 될 연구의 결과가 기존 과학 세계에 너무 충격적인 내용이었기 때문이었습니다.] 그 내용은 이렇습니다. 어느 날 아침 임모의 기술을 배운 여러 마리의 원숭이들이 일종의 임계 질량critical mass[1]에 이른 것입니다. 그날 저녁 갑자기 고시마 섬에 있던 모든 원숭이들이 파도에 고구마를 씻고 있었습니다. 그뿐이 아닙니다. 연구가들의 보고에 의하면, 다른 섬에 사는 원숭이 떼들 심지어는 타카사키야마 본토에 있는 원숭이들까지 갑자기 임모의 기법을 자연스럽게 사용하기 시작했다는 것입니다. 연구가들은 고시마 섬에서 몇 마리의 원숭이가 임계 질량에 이르게 했는지는 정확하게 발견하지 못했습니다. 이 임계 질량을 말하기 위해서 왓슨은 '백 번째 원숭이' 라고 부르면서 이를 임계 질량을 넘는 문지방으로 표현했던 것입니다.

생물학자들은 물리학에서나 적용될 수 있는 것으로 알았던 원리들이 특정한 방법으로 생물학에도 적용될 수 있음을 발견했습니다. 전자기장은 다른 극의 에너지를 일정량 받아들일 수 있습니다. 예컨대 플러스극의 에너지는 그 양만큼 마이너스극의 에너지를 받아들일 수 있고 그 역도 마찬가지입니다. 이 때 에너지를 받아들이다가 어떤 지점에서 임계 질량에 다다르게 됩니다. 마이너스 에너지 장이 임계 질량에 다다르게 되면 그 장이 역전이 되어 전체 장이 플러스 에너지 장으로 바뀌게 됩니다.

생물학자들이 발견한 바는 고시마 섬의 원숭이들을 위해 존재했던

1) 임계질량이란 핵분열을 일으키는 물질이 연쇄 반응을 유지할 수 있는 최소의 질량을 뜻합니다. −옮긴이 주.

의식의 에너지 장이 임계 질량인 '백 번째 원숭이'에 이르렀을 때 새로운 생존 기법을 받아들이게 되었다는 것입니다. 예컨대 이들의 의식의 장이 임계 질량의 지점에 이르렀을 때 새로운 기법을 그들의 생존 기법으로 모든 원숭이들이 받아들였다는 것입니다.

에너지 장들

의식의 에너지 장들이 존재합니다. 인간이 경험하는 관계와 통합에서 지성과 감정의 의식의 에너지 장들이 존재합니다.

모든 인간은 원자와 분자 에너지 장들의 통합으로 구성된 일종의 에너지 장입니다. 사람들이 함께 모일 때 집단의 에너지 장이 형성됩니다. 집단은 개인보다 더 강력한 에너지 장을 형성하기 때문에 상상할 수 없는 힘을 갖게 됩니다. 때때로 개인보다는 집단이 더 높은 생명이 움직이는 초월적 감정들을 쉽게 얻습니다.

때문에 12단계의 모임, 교회, 영적 모임에서 사람들은 강력하고 긍정적인 에너지를 경험합니다. 이것이 더 높은 생명의 에너지 장입니다.

사랑, 진리, 치유의 이름으로, 두 사람 혹은 그 이상의 사람이 모일 때, 거기에 상상할 수 없는 힘이 일어납니다.

한 개인의 영혼의 진화와 각성은 우리 모두와 연결되어 있기 때문에 모든 영혼들에게 영향을 미칩니다. 우리는 천재 원숭이 임모와 같이 다른 인간들이 도달한 의식의 공간, 새로운 차원, 새로운 일면을 창출할 수 있습니다. 가장 위대한 발명, 돌파구가 같은 시기에 여러 장소에서 형성되었던 것은 우연이 아닙니다. 일단 누군가가 돌파구를 열고 공간을 창출하면 다른 사람들이 따라갈 수 있습니다.

한 사람의 영혼의 치유는 모든 영혼의 치유를 선도합니다. 두 사람 혹은 그보다 많은 사람들이 만들어내는 힘을 상상해 보십시오.

집단 치유와 각성의 효과는 인간의 의식을 깨워 모든 영혼에게 영향을 미치는 파장을 만들어 냅니다. 이는 기하학적인 비율로 파장을 일으킵니다.

양극화

이 땅에서 집단적인 인간 감정의 의식이 갖는 에너지 장은 집단적인 인간 지성의 의식이 갖는 에너지 장과 대극을 이루는 바 신적인 힘의 진리와의 관계에서 역전이 되었습니다.

저등한 생각.

선악을 알게 하는 나무 곧 양극화는 인간이 삶을 외적-내적 측면에서 흑백 양극이 전쟁하는 전쟁터로 보게 했습니다.

극단적으로 저등한 생각을 하는 것은 고등한 생각과의 연결을 약하게 했습니다. 이는 인간의 자기와 영적 자기 사이의 통로를 파괴시켰습니다.

양극화는 단절과 분리의 환영을 만들었습니다. 이는 인간의 몸을 입은 영적 존재들로 하여금 환영의 외적 실재들에게 지나치게 집중함으로써 신적인 힘과의 연결을 놓치게 했습니다. 결국 영적 존재들은 이들이 신적 힘에 연결되어있다는 사실을 망각하게 되었고 외적인 근거로부터 분리된 개체 인간 존재라고 믿게 되었습니다. 이들은 그들이 가진 힘이 그들 자신으로 부터뿐 아니라 영으로부터 왔다는 사실을 망각했습니다. 결국(대홍수 후) 이들은 분리를 야기하는 힘을 갖게 되었으며, 신이 이들을 유기하고 벌하고자 할 만큼 나쁜 어떤 일을 행하였다고 생각하게 되었습니다.

분리는 하나의 환영입니다. 그러나 우리는 무능력하여 신적인 힘으로부터 분리된 채 살아갑니다. 자유의지는 가장 높은 차원의 환영입니다. 어떤 존재도 신의 하나 됨으로부터 분리할 수 있는 힘을 갖고 있지 않습니다.

건강한 사람은 자신의 선택에 책임을 지고 스스로가 선택한 것의 결과를 받아들이며 인간의 차원에서 건강한 결정을 합니다. 통합과 균형은 인간의 차원에서 건강한 책임을 받아들이기를 배우는 과정에서, 동시에 우리가 사랑이 넘치는 영적 힘에 의해 인도되고 있음을 인식하는 것에서 일어납니다.

힘이 우리와 함께 합니다.

이 말은 우리가 뒤로 물러나 아무것도 할 수 없다는 뜻이 아닙니다. 그렇다고 우리가 모든 것을 다 해야 한다는 의미도 아닙니다. 양 극단의 방법은 균형을 무너뜨립니다. 씨를 뿌렸으면 정원을 비옥하게 해야 합니다. 성장하는 가운데 기적이 일어납니다. 그 씨가 장미를 꽃 피우냐 아니냐는 위대한 영의 손에 달려 있습니다. 우리는 신이 없이는 씨앗을 장미로 바꿀 수 없습니다.

우리는 이생 너머의 인간의 자아-자기를 지배할 수 없습니다. 우리가 우주 안에 있는 힘을 얻는 것은 우리의 영적 자기에 기초해서입니다. 곧 우리가 지고의 의식과 영적으로 연결되었기 때문입니다.

양극화의 직접적인 결과로 이 땅에서 진리와 긍정적인 일치를 이루고 있었던 집산적 인간 감정 의식의 에너지 장은 부정적 에너지로 인해 오염되기 시작했습니다. 인류는 점차 사랑의 진리와 반대가 되고 역전된 행위를 드러냈습니다. 그리고 마침내 감정 의식의 장이 진리와의 관계에서 임계 질량에 이르렀고, 신적인 힘의 진리와 긍정적인 일치에 있던 극으로부터 부정적이고 역전된 극으로 바뀌었습니다.

나는 앞서 우리가 그 운에 맞춰 춤을 추었던 음률에 동반 의존이란 새 이름을 붙여주었습니다. 이전에는 이를 선과 악의 전쟁이라고 불렀습니다.

악은 부정적인 극입니다. 신의 진리와 반대하고 있는 극입니다. 악은 생명과 반대로 움직이는 것입니다.

악을 뜻하는 영어 단어 이블evil의 알파벳을 거꾸로 나열하면 리브(살다, live)가 됩니다.

우연이란 없습니다. 우연의 일치도 없습니다.

악은 하나의 환영입니다. 마야는 환영과 악 모두를 의미하는 힌두 단어입니다. 악은 환영 안에서만 존재합니다. 악은 언제나 환영 안에 있는 하나의 환영입니다.

신과 악의 힘들 사이에 전쟁이 존재한다는 개념은 우스꽝스러운 생각입니다. 전쟁은 악합니다. 전쟁은 사랑의 진리와 반대되는 것입니다. 어떻게 선하신 신께서 "반대"의 환영적 효과인 악과 싸우기 위해 신과 반대의 활동인 악을 사용할 수 있을까요?

왜 전능한 창조적 근거가 뭔가와 싸울 필요가 있을까요? 신이 악과 싸운다는 생각은 삶에 대한 인간적인 관점이 양극화되었고 역전되었기 때문에 유일하게 힘을 갖게 된 이상한 개념입니다.

빛으로의 회귀

스승들이 뒤바뀐 의식consciousness으로 가득한 이 땅에 왔습니다. 이들은 뒤바뀐 에너지 장이 긍정의 에너지 장으로 되돌아가는 과정을 시작할 수 있도록 하나 됨의 메시지를 가지고 왔습니다.

많은 스승들이 있었습니다. 이들은 하나 됨을 가르쳤고 진리를 가르쳤습니다. 그러나 이 땅에서 의식의 에너지 장이 뒤바뀌어 있었기 때문에, 스승들조차 지고의 생각인 영적 자기와 온전한 연결을 구축하지 못했습니다. 개인적 차원에서 자아-자기와 영적-자기의 곤경 때문에 이들은 왜곡된 진리를 설교하였고 잘못된 정보를 전달했습니다.

이들이 전한 메시지들조차 신을 육체적 속성을 지닌 지고의 존재로 인간화시킨 사람들, 그리고 상호작용의 다양한 측면과 표상들을 상징적으로 이름 함으로써 역동적 삶의 과정의 전체성을 음양으로 설명하고자 했던 사람들로 나누어지게 되었습니다.

이들의 메시지는 진리를 내포하였지만 꼬이고 왜곡되었습니다. 그러나 이제 이것이 문제가 되지 않습니다. 빛과 긍정적인 제휴의 회귀 과정이 시작되었기 때문입니다.

붓다는 진리에 이른 후 사람들이 깨달음에 이를 때까지 자신을 어떻게 보호할 것인지를 가르치는 메신저가 되었습니다. [오늘날 치유의 상황에서 보면 (인간은 행위와 생각과 신념체계를 통제해야 한다는) 붓다의 네 번째 큰 진리는 내적이며 외적인 경계들을 계발하고, 분별을 훈련하며, 깨달은 입지에 서서, 정직하고 균형 있는 자기와의 감정적 관계를 갖는 것이라 할 수 있습니다. 이 상황에서 정견正見, 정사유正思惟, 정어正語, 정업正業, 정명正命, 정정진正精進, 정념正念, 정정正定은 옳고 그름의 대극이 아니라 통합과 균형을 의미하는 것이라 할 수 있습니다.

다른 스승들은 하나 됨에 대해 다른 측면에서 다양하게 가르쳤습니다. 그러나 이들이 활동하던 때가 역전과 양극화의 시대였기 때문에 빛의 힘을 소유하고 진리의 메신저들이 되고자 했던 이들이 두 운명들 가운데 하나를 만나야 했습니다. 이 스승들은 진리를 가르쳤다는 이유로 목 베임을 당하거나 돌에 맞아 죽거나 십자가에 못 박힘으로써 벌을 받았습니다. 그런가 하면 어떤 이들은 스스로 빛 대신에 비틀리고 교만하여 어둠을 섬기는 것으로 인생을 끝마쳤습니다. 진리를 가르치는 것으로 시작한 후에 이들은 지구의 조건 때문에 악을 섬기는 것으로 인생을 마감했습니다.

진리와 하나 되는 훈련에 참여하여 진리를 위해 죽음까지 당한 위대한 스승들의 메신저들도 살아남지 못했습니다. 이들의 메신저들은 제자들 혹은 제자라고 주장하는 사람들에 의해 비틀리고 왜곡되었습니다.

그래서 이들의 이름으로 형성된 종교와 집단은 위대한 스승들과 이들이 전해준 진리의 메시지의 이름으로 어둠을 섬기게 되었습니다.

모든 것이 뒤죽박죽되어 인류의 역사에서 가장 중요한 스승들 중의 한 사람의 가르침과 그 스승의 이름이 가장 크게 악용되었습니다. 실제로 우리 대부분은 그가 죽은 직후 그의 가르침이 완전히 비틀리고 왜곡되어서 가장 위대한 스승이 무엇을 가르쳤는지조차 잘 알지 못하게 되었습니다.

그의 가르침을 왜곡시킨 이는 스승의 제자도 아니었고, 스승이 만났던 이도 아니었습니다. 그는 스승의 이름을 도용하여 악을 섬기는 가장 큰 다민족적 복합기업을 구성하는데 성공했습니다. 스승의 이름으로 형성된 집단 종교는－많은 선을 행하고 악을 행할 때조차 완벽한 신의 계획의 일환으로 행하였음에도 불구하고－빛과 진리의 이름으로 어둠을 섬기기 위해 가장 오랫동안 방해를 일삼아온 조직이 되었습니다.

바로 오늘날까지 편협한 인종차별적 좁은 마음을 가진 사람들이 스승의 이름으로 스승의 가르침과는 정 반대되는 방법으로 활동했습니다. 이들은 두려움과 상처의 내적 아이들을 지닌 동반 의존자들로 병적이고 억압적인 자세를 취했습니다.

2,000년 전 스승이 이 땅에 온 것은 내면의 빛과 하나 되는 곳으로 움직여가는 과정에서 큰 힘을 갖게 하는 이정표였습니다.

이 위대한 스승은 바로 예수 그리스도입니다. 우리 모두가 신적인 힘의 완전한 자녀들이듯이 예수는 신神 에너지의 완전한 자녀였습니다.

메신저 예수는 가장 강력한 요인을 선물로 주었습니다. 그는 우리에게 비밀병기를 가져다 주었습니다. 예수는 사랑이라는 신의 메시지를 전해주었습니다.

[집단적 종교의 기초를 놓았던 사람 바울은 예수의 가르침을 이해하는 과정에서 예수는 그냥 깨달음에 이른 인간이 아니라고 선언했습니다. 그는 예수가 독특하게 다르다는 신화를 만들어서 사실은 예수가 "신의 아들"이며, 죄와 인간됨의 수치로부터 인간을 구원하기 위해서 지구에 보내어졌다고 가르쳤습니다. 그의 가르침은 기독교로 발전되었고, 육과 영이 양립할 수 없고 인간이 된 것은 수치스러운 것이라는 거짓을 퍼뜨렸습니다. (물론 이러한 가르침은 그가 자신의 삶에서 느꼈던 수치로부터 나온 것들이었습니다.) 바울의 철학은 사랑의 능력과 사랑의 신의 진리에 대한 예수의 가르침을 부정하고 뒤바꿔 놓았습니다.]

우리가 이웃을 우리 자신처럼 사랑하지 않았던 이유는 우리가 예수의 가르침을 역행하였기 때문이었습니다. 우리는 스스로를 판단하고 부끄럽게 여겨야 한다고 배웠습니다. 우리는 인간이 되었다는 이유로 스스로를 미워하도록 배웠습니다.

우리는 여기서 진정으로 이웃을 사랑할 수 있기 위해서 스스로를 사랑하기를 배워야 합니다. 그런데 우리는 이를 거꾸로 해왔습니다. 우리는 스스로를 미워하는 것처럼 우리의 이웃을 미워했습니다.

이것이야 말로 우주적 코미디입니다. 우리는 자신이 인간이며 나쁘고 수치스럽기 때문에 영적인 권리를 받아야 한다고 배웠습니다. 진실은 우리가 이미 영적이라는 사실입니다. "인간됨being human"이 나쁜 것도 아니고 수치스러운 것도 아닙니다.

우리는 인간의 경험을 지닌 영적 존재들입니다. 우리는 느낌과 촉감과 사랑을 경험하기 위해 여기에 존재합니다. 치유 과정의 목표는 인간의 경험과 느낌 너머 어떤 곳에 다다르는 것이 아닙니다. 우리는 이 느낌들을 느끼기 위해 여기에 있는 것입니다.

우리가 아픔을 느끼고자 할 때 기쁨을 느낄 수 있습니다. 이러한 치유의 기쁨은 믿을 수 없이 엄청납니다. 우리가 할 일은 치유하고 기쁨으로 들어가는 것enJoy 입니다. 우리가 할 일은 존재하는 것입니다. 우리는 인간 행위가 아니라 인간 존재가 되기 위해서 여기에 있는 것입니다.

우리의 일은 진리에 이르는 기쁨을 따르는 것이고 순간을 느끼는 것입니다.

우리가 이전의 상처들과 삶의 패턴에 반응하고 있는 한 우리는 지금에 응답할 수 없습니다. 치유가 될수록 책임을 갖게 됩니다. 말하자면 반응할 수 있게 됩니다. 바로 순간을 반응할 수 있게 됩니다.

슬픔, 아픔, 분노를 존중하고 분출함으로써 우리는 기쁨과 사랑과 평화에 이를 수 있습니다. 내면의 전쟁을 멈춤으로써 우리는 세계 평화를 창출할 수 있습니다. 어쩌면 오늘이 아닐지도 모릅니다. 혹여 우리의 생애 가운데 이루어지지 않을지도 모릅니다. ("백한 번 째 원숭이 효과"가 발효되지 않는다면) 여러 세대가 더 걸릴지 모릅니다. 그렇지만 이 과정은 이미 시작되었습니다.

이 땅에서 집단적 인간 감정 의식의 에너지 장은 이제 진리와 긍정적으로 하나가 되었습니다. 이 지구 너머의 세계를 하나로 하는 것은 우리의 일이 아닙니다. 우리의 일은 우리 자신 안에 전체성을 찾는 것입니다. 우리의 일은 치유하는 것입니다. 그 이유 때문에 우리는 여기에 있는 것입니다.

영적 전사들

우리가 자아-자기에 기초하여 모든 것을 통제하는 일을 멈추게 될 때 우리는 믿을 수 없는 우주적 힘에 다가갈 수 있습니다. 우리는 영적 전사들입니다.

"통제를 내려놓는 일은 영적 전사에게 궁극적 도전이다." 이 문장은『룬경經The Book of Runes』에서 인용한 것입니다.

"당신에게 가장 작은 몸짓으로 줄 수 있는 최고의 기쁨은 부인denial, 否認이다." 이 문장는『의학 카드Medicine Cards』에서 인용한 것입니다.

"우주가 아름답고 정의로우며 완전하다고 상상하십시오.…그러면 당신이 가진 것보다 훨씬 낫다고 상상한 한 가지를 확신하게 될 것입니다." 이 문장은 리처드 바흐의『환영Illusions』에서 인용한 것입니다.

이것이 우리가 앞으로 남은 생애 동안 참여하게 될 과정입니다. 우리는 결코 인간적인 관점에서 이 과정에 완전하게 참여하지는 못할 것입니다. 그러나 우리가 삶을 하나의 성장 과정으로 보고, 우리 안의 진리를 느끼고 기억하기로 선택할수록, 영적 고향으로 나아가는 영적 여정에서 점점 더 우리가 있어야 할 곳에 완전하게 존재하게 된다는 진리를 인식하게 될 것입니다.

우리 사방에 진리가 존재합니다. 그리고 그 진리가 우리를 자유하게 합니다.

내적 아이를 치유하는 것으로 우리는 진리와 사랑에 다가갑니다. 그리고 작은 아이는 진리로 안내될 것입니다.

변혁적 치유 운동

리처드 바흐의 『환영』이란 책의 서문은 강 하류에 군락을 이루며 살아가던 피조물에 대한 이야기를 소개하고 있습니다. 이야기를 여기에 옮겨 보겠습니다.

어느 날 피조물들 가운데 하나가 자기가 사는 곳을 지루하게 여겨 마을을 빠져 나가 강의 흐름에 몸을 맡긴다면 무슨 일이 일어날지 생각하였습니다. 그는 강물이 흘러가는 데로 따라가면 어디에 도착하게 될지 의문이 생겼습니다.

다른 피조물들이 모두 그를 비웃었습니다. 그리고 그를 놀려댔습니다. "너는 바위를 떠나 살 수 없지. 그렇게 되면 온 몸이 바위에 부딪혀 멍들게 될 거야!" "바위를 떠나간다는 것은 미친 짓이야."

그렇지만 이 피조물은 바위에 붙어살기보다는 좀 더 자유로운 삶을 원했습니다. 그는 강물이 어디로 흘러가는지 보고 싶었습니다. 그래서 바위를 잡고 있던 손을 놓았습니다. 그러자 이리 저리 바위에 부딪히며 온 몸에 멍이 들었습니다. 그래서 다시금 손을 뻗어 바위를 붙잡았습니다.

나이가 든 다른 피조물들이 모두가 나서 혀를 차면서 그를 나무랐습니다.

그러나 그는 이렇게 말했습니다. "나는 다시 시도할거야! 나는 강물은 자기가 어디로 흘러가는지 안다고 생각해. 나는 저 강물이 나를 어디로 데려갈지 알고 싶어." 그래서 이 피조물은 다시금 자기 손을 바위에서 뗐습니다. 여전히 바위에 부딪히고 멍이 들었습니다. 그 때마다 이 피조물은 계속해서 손을 놓는 연습을 했습니다.

손을 놓을 때마다 조금씩 덜 부딪히고 멍도 적게 들었습니다. 그 때마다 강물의 물결에 더 잘 적응할 수 있었습니다.

그리고는 마침내 어느 날 충분한 연습과 시간이 지난 다음 물결을 올라타 강물의 흐름에 따라 앞으로 나아가게 되었습니다.

그는 날아가고 있었습니다.

날아가는 그의 마음은 기쁨과 흥분으로 충만하였고 강물은 다른 피조물들 위로 지나쳐 갔습니다.

그러자 다른 피조물들은 그를 올려다보며 외쳤습니다. "저것 좀 봐. 저기 우리와 같은 피조물이 있어. 날아가고 있잖아. 저분이 메시아인지 몰라!"

강물이 다시금 아래로 향할 때 그는 다른 피조물들을 보면서 외쳤습니다. "아니야! 이해를 못하는구나! 너희도 날 수 있어. 너희가 할 일은 그저 손을 놓는 것뿐이야. 내가 메시아라면 너희도 메시아야."

이것이 이야기의 전부입니다. 재림이 시작되었습니다. "메시아"의 재림이 아니라 모든 메시아들의 재림입니다. 해방자 메시아는 우리 안에 있습니다. 해방과 치유의 변혁적 운동이 시작되었습니다. "구원자"는 우리 밖 어딘가에 존재하지 않습니다. "구원자"는 우리 안에 존재합니다.

우리는 신의 아들이고 딸입니다. 치유의 운동에 참여하고 있는 오랜 영혼들인 우리 안에 사랑의 메시지의 재림이 시작되었습니다.

우리는 미국 원주민 예언에서 '평화의 다섯 번째 세계의 도래'라고 부르는 시점에 접어들었습니다. 우리 자신이 치유되면 이 지구도 치유됩니다.

우리 모두는 환영 속에 있는 지고의 진동 주파수 범위와 직접적으로 연결되어 있습니다. 지고의 진동 주파수 범위는 하나 됨의 영광에 대한 의식을 포함합니다. 우리는 이 의식을 우주적 의식이라 부릅니다. 또 이 의식을 그리스도 의식이라 부릅니다.

이것은 예수께서 주파수를 맞췄던 에너지입니다. 예수는 이것에 대해 아주 상세하게 설명해 주었습니다. 예수는 보상하고 주파수를 맞춤으로써 "내가 하는 이것들을 너희들도 할 수 있다." 고 했습니다.

우리는 우리 안에 있는 그리스도 에너지에 이르렀습니다. 우리는 사랑의 메시지의 재림을 시작했습니다.

인간이 균형과 조화를 이루며 걷게 될 때 치유와 기쁨의 시대인 평화의 다섯 번째 세계가 도래할 것입니다.

이렇게 놀라운 소식이 있는데 당신께서 이 소식을 전하지 않겠습니까?

문제가 무엇인가요?

자 보십시오. 여기서 잠깐 멈추고 이것을 보십시오. 어째서 사랑이 많은 신이 우리로 하여금 이 고통의 과정을 거치게 할까요? 무엇을 목적하는 것일까요? 왜 그런 것일까요?

글쎄요. 말할 필요도 없이 우리는 그 이유를 다 알 수 없습니다. 그러나 우리가 알 수 있는 몇 가지가 우리의 이해에 도움을 줄 수 있습니다. 여기 존재하는 이유는 인간됨을 경험하기 위해서입니다. 우리는 여러 차례의 일생을 살았습니다. 우리 모두는 인간됨의 모든 면을 경험했습니다.

우리는 이제 이생에서 받은 상처들을 치유할 뿐 아니라 아주 빠른 속도의 거대한 규모로 업보의 해법을 찾고 있습니다.

업보는 인간의 상호작용을 지배하는 에너지 상호작용의 사랑과 경외가 있는 법칙입니다. 보편적 법의 다른 차원들과 마찬가지로 업보는 인과율에 대한 것입니다. "심은 대로 거두는" 경우가 여기에 해당됩니다.

업보의 법칙에 따르면 원인과 결과가 신체의 차원에서 이루어집니다. 달리 말하면 누구도 죽은 후에 무저갱이나 지옥에 빠질 수 없습니다.
(지옥은 여기 지구상에 존재합니다. 그리고 우리는 이미 이 모든 것을 경험했습니다.)

치유를 시작한 우리는 업보의 인간 경험 학교를 졸업하게 될 것입니다. 매 순간…혹은 평생토록.

여기서 졸업은 우리가 업보의 회전목마로부터, 양극화와 "역전" 때문에 생겨난 업보의 춤으로부터 자유해질 수 있음을 의미합니다. 졸업했다고 해서 존재를 멈춘다는 의미가 아닙니다. 졸업을 하게 되면 진정 아주 거룩한 승리가 밀려올 것입니다.

내 생각에 졸업은 평화가 창궐하고, 수 천 년의 평화가 시작되며, 영적으로 조율된 세계가 진화하게 될 때, 우리가 되돌아가 우리의 모든 친구와 하나 될 수 있다는 의미입니다. 우리는 마음이 맞는 이들과 더불어, 우리의 영혼의 친구들과 더불어, 우리의 쌍둥이 영혼과 더불어 하나가 될 것입니다.

내면의 평화

여기 존재하는 목적들 중의 하나는 기쁨과 지복의 상태에서 영원한 하나 됨의 존재라는 믿을 수 없는 선물을 완전하게 실현하기 위해서입니다. 우리가 어떤 대안에 대한 경험을 갖지 않는다면 기쁨과 지복을 완전히 실현할 수도 없고 인정하고 감사할 수도 없습니다.

이제 나는 신이 이 경험 세계에 가득하다고 믿게 되었습니다. 개인적으로 나의 인간적인 관점에서 볼 때 그토록 활동적인 상상을 지닌 신적인 힘에 대해 대단히 당황했었습니다. 실제 나는 이 모든 것들이 아주 오랫동안 지속되어야 하고 아주 복잡해야 한다고 생각했었습니다.

나는 우연히 믿게 되었고, 여러 경우에 나는 지고의 힘과 내 신념과 느낌을 공유했습니다. 나의 지고의 힘은 아주 천천히 움직였습니다. 내가 경험한 지고의 힘은 시간 안에 존재합니다.

나는 성장을 위한 많은 기회가 충분히 주어진 것처럼 느끼고 있습니다. 그래서 아주 생생한 말로 여러 차례 내가 느낀 지고의 힘을 소개했습니다. 나의 지고의 힘이 너무도 나를 행복하게 하고 소중한 나머지 "미치게 좋은 것fucking asshole" 이라고 불렀던 적도 있습니다.

나는 진정한 마음의 깊이에서 진실로 가치 있는 내면의 기쁨, 지복, 형언할 수 없는 평화를 치유 과정에서 경험했습니다.

이생에서 겪은 모든 아픔과 전생에서 겪은 모든 아픔을 보았습니다. 이를 알고 사랑하는 것은 참으로 가치 있는 일이었습니다.

이전의 내 삶은 분노, 아픔, 두려움으로 가득하였습니다. 그러나 이제 더 이상 그렇게 정의될 수 없습니다. 물론 지금도 여전히 분노, 아픔, 두려움이 내 삶에 존재합니다. (어떤 때는 다른 때보다 더 많은 분노, 아픔, 두려움이 있습니다.) 그러나 이제 나의 깊은 내면에는 삶의 가장 아픈 순간조차도 가장 평화로울 수 있는 자리가 있습니다.

나는 내 생의 대부분을 죽고 싶다는 생각으로 허비했습니다. 왜냐하면 죽는 것이 평화를 얻는 유일한 길이라고 생각했기 때문입니다. 그러나 오늘 나는 내 마음에 평화를 얻었습니다. 신이 나를 버리고 배반했다고 느끼는 순간에도 여전히 마음에 평화를 누립니다. 왜냐하면 나는 가장 깊은 차원에서 사랑이 넘치는 신의 계획이 펼쳐지고 있음을 알기 때문입니다.

나는 매 순간 그리고 평생토록 오늘 살아 있음을 즐깁니다.

나는 내가 태어난 것이 기쁠 뿐만 아니라 역사의 이 순간에 살아 있음에 감격해 합니다. 여기 치유 운동의 일부가 된 명예와 특권을 갖게 된 것에 대해서도 감격해 합니다.

육체를 입고 있는 지금이 진정으로 기쁨이 넘치는 시간입니다.

전생의 빚들

물론 지금 생애에서 이처럼 기쁨이 넘치는 메시지를 전하는 명예와 특권을 가진 이유 가운데 하나는 내가 과거의 삶에서 진 빚 때문입니다.

당신이 이 책을 읽고 있는 이유 가운데 하나는 어쩌면 내가 개인적으로 당신에게 전생에 빚을 졌기 때문일 것입니다. 어쩌면 내가 로마 군인이었거나 스칸디나비아의 해적이었을 때 당신의 눈을 후벼 파냈는지 모릅니다. 그래서 현생의 삶에서는 당신의 눈으로 좀 더 선명하게 보도록 도움을 줌으로써 당신에게 진 빚을 갚고 있는 것인지도 모릅니다.

사실 우리는 확실히 알 수 없고 알 필요도 없습니다. 과거의 삶에 대한 정보는 우리가 알 필요가 있을 때에만 우리에게 허락됩니다. 달리 말하면 지금의 삶에서 우리의 치유 과정에 직접 연결될 때에만 과거의 삶에 대한 정보가 주어집니다. 소박한 호기심을 위해서 정확한 과거 삶의 정보를 얻게 할 이유가 없습니다. (물론 우리는 이유가 있을 때 호기심을 갖습니다.)

모든 일에는 이유가 있습니다. 실제 다양한 차원의 다양한 이유들이 있습니다. 우리가 모든 이유를 알 수 없습니다. 또 모든 이유를 다 알아야 할 필요도 없습니다.

우리가 안다는 이유만으로 어떤 면에서 완전하다는 것을 기억해야 합니다. 그것이 우리 자신과 과정을 판단하기를 멈추도록 돕는 것이면 충분합니다.

앞서 『환영』이란 책의 인용에서 보았듯이, 비극과 불의에 대한 우리의 깊은 신념이 우리의 영적 성장의 척도입니다. "우리의 깊은 신념"은 우리의 입장과 관계합니다. 예컨대 우리가 얼마나 거꾸로 된 태도와 거짓된 신념에 빠져 있는지, 얼마나 환영에 힘을 실어주고 있는지와 관계합니다.

나는 여러 경우 동반 의존의 거짓된 신념과 두려움에 기초하고 있기 때문에 내가 볼 수 있고 내가 의식하는 차원들 대부분이 역기능적임을 발견했습니다. 좀 더 깊은 차원에서 내가 스스로를 판단하고 있는 행위들에서 "그럴만한" 이유들이 존재함을 깨닫게 되었습니다.

아주 소박한 예를 들어보겠습니다. 나는 묵상 시간이 너무 힘들어 나 자신을 판단하고 지치도록 몰고 가곤 했었습니다. 나는 정도를 따라 묵상을 할 만큼 내면에 평정을 유지할 수 없었습니다. 내가 이렇게 된 것은 내 존재가 잘못되었기 때문이라고 생각했습니다. 내가 묵상을 싫

어하는 것은 나에게 뭔가 모자란 것이 있다고 생각했습니다. 그러나 나는 과거의 삶에서 묵상을 하는 중에 죽음을 맞았다는 사실을 깨닫게 되었습니다. 이 깨달음에 이르게 되었을 때 나는 전혀 새로운 방식으로 내가 왜 묵상을 저항하는지 알게 되었습니다. (또한 기도가 신께 나아가 말을 거는 것이라면, 묵상은 "세미한 음성"에 귀 기울이는 것이라는 것을 깨닫게 되었습니다. 묵상이 듣는 것이라면 형식을 갖추거나 "정도"를 따라 할 필요가 없음을 깨닫게 되었습니다.)

좀 더 보편적인 또 다른 예를 들어보겠습니다. 내가 동반 의존에 대해 배우면서 지치도록 나 자신을 몰아갔습니다. 나는 그 때 "그녀"를 열망하는 것이 역기능적인 것임을 알고 있었음에도 불구하고 여전히 "그녀"를 찾고 있었다는 것을 깨닫게 되었습니다.

나는 나를 행복하게 하고 온전하게 하는데 있어 누군가가 필요하다고 생각하는 한 나 스스로가 나를 희생양으로 삼고 있다는 사실을 알고 있었습니다. 내가 왕자가 되기 위해서는 나에게 키스를 해줄 공주가 필요한 개구리가 아님을 알고 있었습니다. 나는 이미 왕자인 은총과 그 왕자가 된 상태를 받아들일 필요가 있음을 알고 있었습니다.

나는 이러한 소원의 차원이 역기능적이며 동반 의존적이라는 사실을 이해하게 되었습니다. 나는 "그녀"를 기다리는 것을 떠나보낼 수 없었기 때문에 스스로를 판단하였고 부끄럽게 여겼습니다.

그러나 나의 깨달음이 진행되면서 기다림에 "정당한" 이유들이 있음을 깨닫게 되었습니다. 내 안에 갈애와 "끝없이 마음을 아프게 하는 욕구" 에도 이유가 있음을 알게 되었습니다.

내 안에 남성의 에너지와 여성의 에너지 사이에 어느 정도의 균형이 이루어지기를 기대합니다. 유아기적에 배운바 대로 에너지를 밖으로 투사하여 관심을 밖으로 향하게 하면 역기능적인 행동이 뒤따릅니다.

좀 더 깊은 차원에서 나는 양극화 이후 나의 쌍둥이 영혼을 찾고 있으며 찾았었다는 것을 이해하게 되었습니다.

분별이 깊어지면서 나는 "그녀" 를 기다리는 나 자신을 판단하고 수치스럽게 여기지 않고, 예컨대 목욕탕에서 아이를 꺼내는 것을 배울 수 있었습니다. 그리고는 그 더러워진 목욕탕 물을 버릴 수 있었습니다. 말하자면 나의 공주를 발견하기까지 행복할 수 없는 개구리라는 역기능적 신념에 기초해 행동하지도 않고, 그 역기능적 신념에 힘을 실어주지도 않게 되었습니다.

분별하기를 배움으로써 우리는 역기능적인 이유들을 의식할 수 있고, 동반 의존적 신념들과 두려움들(더러워진 목욕탕 물)에 반응할 수 있는 방법을 바꿀 수 있으며, 이들에게 힘을 실어주는 것을 멈추고, 우리가 그 이유를 확신하지 못하는 때조차 우리 스스로를 부끄럽게 여기거나 판단하지 않음으로써 "정당한" 차원들을 존중할 수 있습니다.

나는 지금 믿음에 대해 말하고 있는 것입니다.

모든 것이 완전하게 전개되고 있다는 것을 기억하면 할수록, 우리는 더욱 더 가장 비극적인 것으로, 가장 심각하게 불의한 것으로 보이는 것이라 할지라도 거기에 충분한 이유가 있다는 믿음을 가질 수 있습니다.

우리는 스스로를 부끄럽게 여기거나 판단하지 않고 수용하고 존중할 필요가 있습니다. 우리의 느낌, 과거의 행동들, 인간의 욕구와 욕망들 뿐 아니라 열망들, 저항, 두려움들도 수용하고 존중해야 합니다.

우리는 이유가 있어 그런 열망을 갖게 된 것입니다.

우리는 이유가 있어 그런 두려움과 저항을 갖게 된 것입니다.

"힘이 우리와 함께 한다"는 것을 기억하면 할수록 우리 자신을 수용하고 사랑하는 것이 더욱 더 쉽게 됩니다.

모든 일에는 이유가 있습니다.

앞서 말했듯이 아직 때가 차지 않아서 슬퍼하지 않았을지도 모릅니다. 그러나 모든 일은 완전하게 일어납니다. 지연, 부인, 회피 모든 것이 완벽한 우리 여정입니다.

우리는 안내를 받고 있습니다.

우리가 이 사실을 기억할수록, 우리가 위대한 영의 계획을 우리의 소원대로 바꿀 수 있는 놀라운 힘을 갖고 있다고 믿으면서, 당당하고 자아-자기적이며 교만하고 동반 의존적인 힘에 빠져드는 것을 쉽게 멈출 수 있습니다.

아주 깊은 영혼과 지고의 자아의 차원에서 보면, 우리가 치유를 거부하고 우리의 힘을 갖기를 거부하는 것은 과거의 삶의 경험 때문입니다.

우리는 과거의 삶에서 우리의 힘을 소유했기 때문에 벌을 받았습니다. 치유자라는 이유 때문에 화형에 처해지거나 스승이라는 이유로 수장되고 몸이 잘리거나 메신저라는 이유 때문에 교수형에 처해졌습니다.

그래서 우리는 신을 믿지 않거나 현재의 삶을 믿지 않는 그럴듯한 이유를 내세웁니다.

우리는 또한 과거에 힘을 남용하였기 때문에 우리 자신을 믿지 않는 그럴듯한 이유를 갖게 되었습니다. 우리는 학생들을 방황하게 하는 선생으로 평생을 보낸 적이 있고, 왼쪽의 여정을 택하여 빛 대신 어둠의 힘을 섬기는 치유자나 지도자나 메신저로 평생을 보낸 적이 있습니다.

우리는 힘을 다시 소유하는 것에 대해 두려워합니다. 이것이 바로 가장 깊은 차원에서 치유의 과정을 저항한 한 이유입니다. 따라서 깨우침에 이르기 위해서 우리에게 지팡이가 있어야 합니다.

우리의 개인적인 지팡이가 무엇이든, 그것이 알코올 중독이든 사랑의 도착이든 과식이든 그 무엇이든, 그것은 우리를 깨닫게 한 도구들입니다. 복으로 받은 선물이 우리의 여정을 깨닫게 했습니다.

이 땅의 조건은 변화되었습니다. 집단적인 인간의 감정 의식의 에너지 장이 뒤바뀌면서 빛을 향한 성장의 과정이 어둠을 삼켜버렸습니다.

이제 지구 의식의 에너지 장이 진리와 긍정적으로 일치하고 있습니다. 빛을 향한 성장이 점점 더 빛을 끌어들이고 있습니다.

이 세상에서 우리는 벌을 받을 것처럼 느끼면서 우리를 받아들였습니다.

물론 우리는 실제로 벌을 받은 적이 없습니다. 그렇게 느꼈을 뿐입니다.

지금까지 살아온 과거의 삶에서 인간 몸을 입고 이 땅에서 살아온 것은 인간 경험의 모든 면을 경험할 수 있는 기회였습니다. 우리 모두는 창조자이면서 파괴자입니다. 우리 모두는 억압자이면서 피억압자입니다. 우리 모두는 가해자이면서 희생자입니다.

어떤 방식으로 혹은 어느 시점에서 우리가 누군가에게 한 어떤 일을 그가 우리에게 합니다.

이제 다른 사람들에게 책임을 전가하는 일을 멈출 때입니다. 우리 스스로에게 책임을 전가하는 일을 멈출 때입니다. 우리는 필요한 치유와 과거에 진 빚의 해결을 위해 우리의 길을 선택했습니다. 우리는 거짓된 신념들에 빠지는 것을 멈추고 그 느낌들을 수용하고 존중하며 분출해야 합니다.

영적 존재들

우리는 인간의 경험을 지닌 영적 존재들입니다. 우리는 또한 신의 하나됨의 일부이며 신의 경전을 쓰도록 도왔습니다.

이것은 나쁜 소식이면서 한편 좋은 소식입니다.

이제 우리는 이야기의 기쁜 부분에 도달했습니다. 춤이 변화하고 있습니다. 치유의 춤으로 변화하고 있습니다. 기쁨, 사랑, 축하의 춤으로 변화하고 있습니다. 지금은 진정 몸을 입은 것에 대해 기뻐해야 할 시간입니다.

맨 처음 메신저가 내가 인간의 경험을 가진 영적 존재라는 메시지를 전해주었을 때, 나는 실제로 분노했습니다. 나의 처음 반응은 분노였습니다. 처음에 이 말을 "나는 이제 사람들을 떠나서 존재해야 한다는 의미"로 생각했습니다.

나는 결코 당신을 떠나 존재하기를 원치 않습니다. 나는 언제나 산에 올라가 신께 내 삶의 방식을 묵상하고 싶었습니다. 이 치유 과정에서 내가 배운 것은 "사람들을 떠나 있음"으로해서 나의 인간관계들을 통해 신을 찾는 것이었습니다. 여기에서 우리는 서로 관계하기를 배우고, 자신과 서로를 사랑하기 위해 존재합니다.

역설 가운데 하나는 물리학자들이 양자 물리학으로부터 배운 것입니다. 곧 물리적인 세계가 에너지의 상호작용을 잠깐 현시하는 에너지 장들로 구성되어 있다는 사실입니다. 물리적인 세계의 모든 에너지 장들은 일시적입니다. 어떤 에너지 장들은 일 초 동안 마찰을 위해 존재하고, 어떤 에너지 장들은 수십억 년을 계속해서 존재합니다. 그러나 이들 모두는 잠시 동안의 환영입니다.

이 말은 물리적인 세계에서 참된 실재는 상호작용 가운데 있다는 뜻입니다. 상호작용 속에서 우리는 진리와 기쁨과 사랑에 도착할 수 있습니다. 달리 말하면 관계들 속에서 우리는 진리와 기쁨과 사랑에 다가갈 수 있습니다.

여기서 지고의 진리가 존재하는 가장 실제적인 자리는 상호작용이며 우리의 관계들입니다. 우리가 스스로와 관계하는 것은 우리와 창조자 곧 위대한 영과의 관계를 반영합니다. 우리가 스스로와 관계하는 것은 또한 우리를 둘러싼 다른 사람들과 다른 존재들과의 관계를 반영합니다.

영성이란 관계에 대한 것입니다. 신은 우리의 관계의 바탕 안에 존재합니다.

내가 아름다운 석양을 보고 있을 때, 나는 일시적인 환영이며 석양 또한 일시적인 환영입니다. 여기서 가장 실제적인 신과 같은 바탕은 내가 나 자신에게 석양을 향해 개방하여 석양을 경험하고자 함으로써 다가가도록 허락한 미와 기쁨의 에너지입니다. 만일 내가 나의 자아의 "외상 드라마들" 가운데 하나에 붙잡히면, 나는 석양을 의식하지 못하게 되거나 그 순간의 기쁨과 미를 경험하지 못하게 될 것입니다.

치유의 과정에서 아주 중요한 부분은 꽃들의 향기를 맡는 여유를 갖는 것입니다. 우리의 일은 지금 여기에서 치유를 하는 것입니다.

나는 생애 대부분을 완전하고 사랑 받으며 인정받고 존경받기 위해 노력하면서 살았습니다. 그런데 내면에서 찾을 수 있는 답을 밖에서 찾았기 때문에 효과가 없었습니다.

이제 나는 이 과정에서 실패했음을 압니다. 그리고 내가 꿈꾸는 것이 (천천히 이루어진다 할지라도) 사랑이 넘치는 위대한 영의 손 안에 있음을 압니다. 나는 내가 무엇이 될 것인지 더 이상 걱정할 필요가 없습니다. 내가 해야 하는 것은 존재하는 것입니다. 나는 오늘의 삶을 위해 옷을 차려입고서 내 앞에 서 있기만 하면 됩니다. 모든 것은 내가 계획한 것보다도 더 잘 될 것입니다.

우연이란 없으며 우연의 일치는 없습니다. 모든 것이 완전하게 펼쳐지고 있습니다.

1991년 6월 내가 처음 이 말을 하기 이틀 전 내가 무엇을 어떻게 말해야 할지 모르고 있을 때, 내 생각대로 일이 진행되지 않아서 신께 좌절하며 분노하고 있을 때, 사람들 앞에서 일어나는 것을 두려워하며 나의 진리를 소유하는 것을 꺼려하고 있을 때, 모든 것이 엉망이 되어버린 것 같은 과정가운데 있을 때, 바로 그 때 신으로부터 온 메신저이자 친구가 나에게 조크를 던져 주었습니다.

그 조크는 신에게 말을 걸면서 존재하는 것들에 대한 신의 입장을 이해하려고 노력하는 사람에 대한 이야기였습니다.

한 남자가 신께 말했습니다. "당신에게는 무엇이 수십 억 년과 같습니까?"

그러자 신이 대답했습니다. "일초요."

그 남자가 말을 받았습니다. "어 참. 흥미롭네요. 그렇다면 당신에게는 무엇이 수십억 달러와 같습니까?"

신이 받았습니다. "일 페니요."

물론 인간이었던 그 남자는 스스로 계산하기 시작합니다. "십억 달러가 신께는 일 페니와 같다면 백만 달러는 실제 아무것도 아님이 분명하겠군. 신께 백만 달러를 달라고 구해야겠어."

그래서 그 남자는 신께 말했습니다. "나에게 백만 달러를 줄 수 있겠습니까?"

신이 대답했습니다. "물론이요... 일초 안에 주지."

신의 시간은 완전합니다. 우리는 모든 시간을 신의 시간처럼 느끼지는 않습니다. 우리가 시간을 진리와 하나 되게 할수록, 우리가 벌을 받고 있는 것 같은 느낌을 덜 느끼게 될 것입니다.

어쨌든, 무조건적인 사랑의 가장 어려운 부분은 아무리 불편하더라도 그 순간 우리가 머무르는 그곳을 수용하는 것입니다. 그 가운데 가장 어려운 부분은 (주님은 그것이 아주 어렵다는 것을 알고 있음에도 불구하고) 다른 사람들에게 그 과정을 어렵지 않게 허용하는 것입니다. 말하자면 우리 스스로에게 자신의 과정을 어떤 수치나 판단 없이 허용해주는 것입니다.

나는 지금 대부분의 시간에 그렇게 할 수 있습니다. 나는 모든 것이 엉망이 되어버린 것처럼 느끼는 지금 이 모양이 나에게 벌이 아니라는 것을 압니다. 그 이유는 내가 나쁘거나 잘못되었거나 기형적인 것이 아니기 때문입니다. (물론 아직도 나의 작은 부분이 있고, 비평적인 부모의 병든 목소리가 나로 하여금 함정에 빠지게 하고, 앞으로도 그럴 것입니다.)

이제 나는 모든 것이 망가진 것처럼 느낄 때 바로 그 때가 내가 성장하도록 영양제를 맞고 있는 중이라는 것을 압니다. 나는 수년에 걸쳐 나에게 주어진 놀라운 영양제에 대해 신께 감사하고 있습니다.

사랑

내가 이해하는바 보편적인 창조적 힘은 절대적인 조화의 주파수에 따라 진동하고 있는 모든 존재의 에너지 장입니다. 나는 그 진동하는 주파수를 사랑이라 부릅니다. (사랑은 신이 진동하는 주파수입니다. 사랑은 우리가 다가갈 수 있는 환영 안에 있는 에너지 진동입니다. 우리의 동반 의존적인 문화에서 본 사랑은 대부분 중독이나 역기능적 행동의 구실입니다.)

사랑은 분리가 없는 진동 주파수이기 때문에 절대적인 조화의 에너지 주파수입니다.

에너지는 파장을 닮은 모양으로 움직입니다. 운동을 만들어내는 것은 파장의 바닥과 마루의 분리입니다. 마루에서 마루의 거리를 마루의 파장 거리라 부릅니다. 진동 주파수가 높아지면 파장의 길이가 짧아진다는 것이 물리학의 법칙입니다. 사랑의 주파수는 파장의 길이와 분리가 사라지는 진동 주파수입니다.

사랑의 주파수는 절대적인 평화, 움직임과 시간이 멈춘 완전한 쉼의 자리 곧 영원한 지금입니다.

영원한 지금의 평화와 지복은 신적인 힘의 진정한 실재입니다.

분리의 환영인 마루와 계곡의 거리의 분리가 움직임을 가능하게 합니다. 분리는 에너지가 움직이는데 필연적입니다. 분리의 환영은 환영을 창출하는데 필연적입니다.

존재하는 모든 것의 하나 됨의 일부인 우리가 신이고 또 신이 사랑입니다. 우리는 사랑의 주파수에 따라 진동하는 하나 됨의 진리의 일부입니다. 사랑의 하나 됨의 일부인 우리는 결코 사랑을 경험할 수 없을 것입니다. 이는 "당신이 설탕이라면 당신은 결코 설탕을 맛보지 못할 것입니다."라는 이치입니다.

신 안에 존재하는 우리는 사랑입니다. 분리의 환영이 없다면 우리는 결코 사랑을 경험할 기회를 갖지 못했을 것입니다. 사랑할 수도, 사랑 받을 수도 없었을 것입니다.

분리는 필연적으로 우리에게 사랑하고 사랑 받는, 사랑의 경험을 할 수 있는 놀라운 선물을 허락합니다.

모든 아픔을 가져온 환영 또한 우리가 느끼고 사랑받았음을 허용하는 그릇입니다.

당신이 치유의 여정을 간다면, 내가 말했듯이 당신은 그 여정이 아주 가치 있는 일임을 발견할 것이라 생각합니다. 사랑은 경험할 가치가 있습니다.

지금은 치유와 기쁨의 시대입니다. 당신이 진정 누구인지를 기억할 때이고, 당신 안에 존재하는 진리를 느끼고 그 진리에 주파수를 맞추어야 할 때입니다.

우리 모두는 나비들입니다.
우리 모두는 백조들입니다.
우리 모두는 영적 존재들입니다.
영의 봄이 도래했습니다. 당신 자신을 사랑하는 것을 배울 수 있습니다.
당신이 기꺼이 두려워하고 상처 받으며, 분노하고 슬퍼한다면, 행복하고 기쁨이 넘치며 자유해질 수 있습니다.
당신은 사랑받을 만합니다.
당신은 사랑받았습니다.
당신은 사랑입니다.

조이 투 유 앤 미 기업

로버트 버니는『상처 입은 영혼들의 춤 : 동반의존』을 출판하여 중요하고도 기쁨이 넘치는 메시지를 전하기 위해서 조이 투 유 앤 미 기업을 만들었습니다. (2판이 인쇄되던) 2002년 8월 재정적인 어려움 때문에 또 다른 책들을 내는 것이 어렵게 되었습니다. 그러나 로버트 버니는 회복, 치유, 영적 주제를 담은 많은 정보를 인터넷 책으로 출판했습니다. 누구나 손쉽게 접근할 수 있는 Joy2MeU.com 에서 버니는 논문과 신문 그리고 인터넷 책을 통해 상처 받는 과정과 회복의 과정의 모든 면을 상세히 소개했습니다. 그는 Joy2MeU Journal 웹 사이트를 통해서 앞으로 출판될 미래의 책들과 최근 그의 회복 과정에 대한 개인적 일기뿐 아니라 회복, 감정의 치유, 영적 성장 과정의 역사에 대한 자서전적 정보를 소개했습니다. 로버트는 전화 상담에도 참여하여 다른 사람들로 하여금 자기의 내적 아이 치유를 그들의 삶속에 적용하도록 도와 많은 효과를 경험하고 있습니다.

Robert@Joy2MeU.com

Joy2MeU.com

옮긴이의 글

이 책은 알코올 중독을 포함한 모든 중독은 동반의존이라는 역기능적 관계에서 비롯된다는 전제에서 시작한다. 역기능의 범주는 가정에서 시작하여 사회를 넘어 우주에까지 확대된다. 그리고 이제 관점의 전환을 통해 치유의 시대가 도래 하였다고 선언한다.

저자인 로버트 버니는 먼저 이 책의 중심개념인 동반의존이 어떤 역사적 발전 과정을 거쳤는지 정리한 다음, 본래적 인간이 인간의 경험을 가진 영적인 존재임을 자각케 함으로써, 역기능적 삶을 살았던 이들을 신뢰와 기쁨과 사랑이 넘치는 춤판으로 안내한다. 동반의존에 빠진 슬픈 인류에게 자기 회복을 통한 희망의 춤이라는 기쁨을 소개하고 있다고나 할까?

회복의 춤은 인간에게 관점의 전환을 요청한다. 우리는 영적 존재가 될 수 있는 권리를 수여받아야 하는 약하고 죄로 가득한 수치스런 인간이 아니라 이미 인간의 경험을 가진 영적 존재이다. 삶은 어떤 목적의 성취를 위해서 살아져야 할 것이 아니라 끊임없이 계속되는 변화이자 성장이다.

중독자들이 겪는 동반의존은 초점을 엉뚱한 곳에 둔 질병이다. 곧 내적 아이가 주인이 된 삶이다. 이제 아이가 운전하는 일을 멈추게 해야 한다. 지금은 영적 세계와 맞닿아 있는 자기가 주인이 되어 통합과 균형을 지향하는 회복의 춤을 출 때이다. 회복의 춤은 애벌레가 나비되는 일이고, 비판적 부모의 병적 목소리가 멈추어지고 자신이 선택한 것에 따라 삶을 살아가는 삶의 리듬이다. 인간 행위human doing로서가 아니라 인간 존재human being로서 존재하는 삶의 리듬이다.

로버트 버니가 말하는 영적 존재로서의 인간은 관계적 존재이다. 관계적 존재로서 인간은 영원한 지금을 사랑으로 살도록 이곳에 존재한다. 그래서 그는 힘차게 선언한다. 우리 모두는 나비들이고, 백조들이며, 영적 존재들이라고. 지금까지 동반의존을 통해 두렵고 상처 받으며 분노하고 슬퍼한 삶을 살았다면, 이제 관점의 전환을 통해 행복하고 기쁨이 넘치는 자유와 회복의 춤을 출 수 있게 되었다고 선언한다. 우리는 사랑받은 사람이고, 사랑 받을만한 사람이며, 우리의 존재가 바로 사랑이기 때문이다.

이 책은 지성적인 진리를 말하지 않고 감정의 에너지 흐름과 조화를 이루는 직관적 진리를 말한다. 동반의존의 역기능적 삶에서 고투하는 현대인들에게 이 책은 자기를 본래적으로 사랑하게하고 그 사랑으로 이웃과 세상을 사랑하며 나아가 신의 현존을 영적 깊이에서 묵상하게 하는 길을 제시해주고 있다. 이점에서 이 책은 자기를 찾아 나선 순례자들에게 좋은 안내서이다.

이 책은 눈 출판사 임말희 대표가 추천하여 번역에 착수하였다. 감사드린다. 번역하는 과정에서 옮긴이는 내면에서 일어나는 변화의 목소리를 들었다. 그리고 가끔은 깊고 깊은 내면으로부터 자유와 환희로 신나게 펼쳐진 춤판을 보았다. 둥-둥-둥-둥 우리는 영적 존재다. 둥-둥-둥-둥 우리가 바로 사랑이다. 둥-둥-둥-둥 우리가 바로 내 존재의 주인이다. 이 책이 읽혀지는 곳마다 자유와 치유의 기쁨이 넘실대는 생명의 춤판이 일어나기를 기대하며 이 역서를 감히 세상에 내놓는다.

2013년 10월

와우리 서재에서 이세형